Sekundarstufe

Friedel Schardt & Ulrike Stolz

AF287397

Die Inhaltsangabe

8 Unterrichtseinheiten mit fix & fertigen Stundenbildern

Lernen mit Erfolg

KOHL VERLAG

Die Inhaltsangabe
8 Unterrichtseinheiten mit fix & fertigen Stundenbildern

11. Auflage 2025

© Kohl-Verlag, Kerpen 2010
Alle Rechte vorbehalten.

Inhalt: Friedel Schardt & Ulrike Stolz
Coverbild: © fotolia.com
Redaktion: Kohl-Verlag
Grafik & Satz: Kohl-Verlag
Druck: Farbo prepress GmbH, Köln

Bestell-Nr. 10 898

ISBN: 978-3-86632-898-3

Bildquellen:

Männchen auf allen Seiten: © ronnarid - AdobeStock.com; **Seite 2:** © Africa Studio - Adobestock.com; **Seite 14:** © clipart.com; **Seite 17:** © clipart.com; **Seite 24:** © Fiedels - Adobestock.com; **Seite 26:** © fotolia.com; **Seite 28:** © clipart.com, Leo & Fiedels - AdobeStock.com; **Seite 31:** © Fiedels - Adobestock.com; **Seite 35:** © Fiedels - Adobestock.com; **Seite 36:** © Fiedels - Adobestock.com

Kontakt: Kohl-Verlag, An der Brennerei 37-45, 50170 Kerpen
Tel: +49 2275 331610, Mail: info@kohlverlag.de

Unsere Lizenzmodelle

Der vorliegende Band ist eine Print-Einzellizenz

Sie wollen unsere Kopiervorlagen auch digital nutzen? Kein Problem – fast das gesamte KOHL-Sortiment ist auch sofort als PDF-Download erhält-lich! Wir haben verschiedene Lizenzmodelle zur Auswahl:

	Print-Version	PDF-Einzellizenz	PDF-Schullizenz	Kombipaket Print & PDF-Einzellizenz	Kombipaket Print & PDF-Schullizenz
Unbefristete Nutzung der Materialien	x	x	x	x	x
Vervielfältigung, Weitergabe und Einsatz der Materialien im eigenen Unterricht	x	x	x	x	x
Nutzung der Materialien durch alle Lehrkräfte des Kollegiums an der lizensierten Schule			x		x
Einstellen des Materials im Intranet oder Schulserver der Institution			x		x

Die erweiterten Lizenzmodelle zu diesem Titel sind jederzeit im Online-Shop unter www.kohlverlag.de erhältlich.

Inhalt

DIE INHALTSANGABE
Freies Schreiben Sekundarstufe – Bestell-Nr. 10898

Die Inhaltsangabe

Allgemeine und didaktische Überlegungen

Die Inhaltsangabe gehört zu den sachlich-informierenden Texten. Sie beschränkt sich darauf, **in knapper, sachlicher Form über Autor, Art und Inhalt eines Textes zu informieren.** Interpretationsaussagen, Deutungen, Stellungnahmen und Bewertungen gehören an sich nicht zur Inhaltsangabe, können aber je nach Vereinbarung noch angefügt werden, müssen dann aber als solche gekennzeichnet sein.

Die Inhaltsangabe als Bericht will keine Spannung erzeugen, keine Stimmung aufbauen, sondern knapp informieren. Sie nimmt deshalb die **Kerninformationen zu Textart, Autor und Inhalt** in einem „Basissatz" vorweg als Gesamtinformation.

Im Anschluss bringt sie die wichtigsten **Handlungsschritte in ihrer zeitlichen Reihenfolge** und nicht in der Anordnung des Originaltextes. Sie informiert gegebenenfalls über die am Geschehen Beteiligten.

Eine besondere Schwierigkeit stellt der Bericht über Gesprochenes dar. Wird es für den Inhalt/Ablauf einer Geschichte wichtig, was ein Beteiligter gesagt oder gedacht hat, dann muss das in die Inhaltsangabe aufgenommen werden, allerdings nicht als direkte Rede sondern in **indirekter Rede.** Dabei fungiert der Konjunktiv I (ersatzweise Konjunktiv II) als Signal der Übermittlung. Das gilt auch, wenn ein längerer Sprechanteil, eine Meinungsäußerung oder dergleichen zusammengefasst wird.

Man wird die Schwerpunkte im Unterricht und bei der Bewertung entsprechend setzen:

- Ein Schwerpunkt wird die **Gliederung** ausmachen.
- Ein zweiter Schwerpunkt wird im **sachlichen Sprachstil** zu sehen sein, wobei als Tempus das Präsens genutzt wird.
- Ein dritter Schwerpunkt könnte die Fähigkeit sein, **ausführliche Informationen auf ihren Kern zu reduzieren.**

Hier gilt es aus einer Fülle von Informationen die entscheidenden Fakten, Zusammenhänge und Abläufe auszuwählen.

Der Gesamtaufbau der Inhaltsangabe bestimmt sich von der Gesamtabsicht her. Das bedeutet:

- Am Anfang steht eine Basisinformation über Autor, Textart und Kernthematik.
- Diesem Abschnitt folgen knappe Ausführungen zum Geschehensablauf bzw. zu den Teilinformationen des Textes.

Oft wird als Schluss eine Würdigung gefordert. Es ist aber zu beachten, dass eine solche Würdigung (manchmal wird auch eine Bewertung oder gar eine „Interpretation" gefordert!) eine persönlich geprägte Äußerung darstellt und deutlich vom sachlichen Bericht abgesetzt werden muss. Diese Unterscheidung sollte auch sprachlich ihren Niederschlag finden!

Inhaltsangaben werden in aller Regel im Zusammenhang mit Rezensionen usw. gebraucht. Für den Unterricht empfiehlt sich eine „Hilfskonstruktion": Die Schüler/-innen sollen beteiligt werden an der Auswahl zu besprechender Texte. Damit sie aber nicht „blind" abstimmen, müssen sie zunächst informiert werden.

DIE INHALTSANGABE
Freies Schreiben Sekundarstufe – Bestell-Nr. 10898

KOHL VERLAG

Die Inhaltsangabe

Methodische Konzeption des Heftes

Da nicht abzusehen ist, mit welcher Intensität in den einzelnen Klassen gearbeitet wird und mit welchen Voraussetzungen bzw. Lücken zu rechnen ist, wird im Folgenden nicht nach „Stunden", sondern nach „Unterrichtsschritten" eingeteilt. Die angegebenen Stundenangaben sind daher nur als Richtwerte zu sehen.

Gelegentlich werden Exkurse angeboten, die gegebenenfalls eingesetzt und unter Umständen auch erweitert werden können. Die angebotenen Arbeitstexte können durch eigene Texte ergänzt werden. Diese Ergänzungen können vom Lehrer ausgehen, aber auch Schüler können ihre Wunschtexte mit einbringen.

Zielsetzungen

1. Die Schüler lernen, den wichtigsten Inhalt eines Textes in knapper Form wiederzugeben.

2. Die Schüler benennen Autor, Titel und Textart zu Beginn.

3. Die Schüler informieren über die wichtigsten Handlungsschritte der Reihe nach.

4. Die Schüler benennen Orte, Zeit und Personen, wenn nötig.

5. Die Schüler lernen eine Schlussdeutung bzw. Meinung über den Text als solche zu formulieren und zu kennzeichnen.

6. Die Schüler achten auf einen guten und angemessenen Sprachstil.

7. Die Schüler beachten die jeweiligen Zeitformen und die Darstellung von mündlich Gesprochenem.

8. Die Schüler lernen, eine Inhaltsangabe zu gliedern.

 DIE INHALTSANGABE
Freies Schreiben Sekundarstufe — Bestell-Nr. 10898
KOHL VERLAG

1 Wozu eine Inhaltsangabe?

Dieses erste Kapitel kann optional als Einleitung in das Thema dienen. Das Kapitel ist als Vorschlag zu sehen. Bei diesem Vorgehen stehen nicht die Lehrerin bzw. der Lehrer, sondern die Schüler im Vordergrund.

Ihre Ideen werden als Anregung zum Einstieg in das Thema Inhaltsangabe gesehen. Die Ergebnisse stimmen nicht unbedingt mit den Vorstellungen der Lehrperson überein, können aber sicherlich in den sich anschließenden Lernprozess übernommen und bei Bedarf angepasst werden. Wichtig ist, dass die Schüler ihre Arbeitsergebnisse wiedererkennen.

Folgendes methodisches Vorgehen kann verfolgt werden:

Als methodischer Einstieg zum Thema Inhaltsangabe sind die Schüler gefordert: Sie finden in Kleingruppen Merkmale von zwei gegebenen Texten heraus, präsentieren ihre Lösungen und vergleichen und diskutieren.

Dieser nicht alltägliche Einstieg verfolgt folgende Ziele:

- Die Schüler erarbeiten selbstständig Merkmale einer Textform.
- Die Schüler bereiten die Unterrichtseinheit „Inhaltsangabe" aktiv vor.

Das erste Kapitel dauert 2 Unterrichtsstunden

| Seite | 7 | 1. Unterrichtsstunde |
| Seite | 8 | 2. Unterrichtsstunde |

Diese Einteilung gilt nur als Richtwert, da die tatsächliche Unterrichtszeit von der Individualität Ihrer Schüler und deren eigenem Lerntempo abhängt. Die einzelnen Kopiervorlagen müssen nicht immer vollständig erarbeitet werden, um einen Lernerfolg zu erzielen.

DIE INHALTSANGABE Freies Schreiben Sekundarstufe — Bestell-Nr. 10898 KOHL VERLAG

Aufgabe 1: Bildet Gruppen von 4-5 Personen. Lest die folgenden Texte und diskutiert in der Gruppe.

Ein Quantum Trost
von Ian Flemming

Der Agententhriller „Ein Quantum Trost" aus dem Jahr 2008 ist der 22. Film mit dem Geheimagenten James Bond als Titelhelden.

James Bond, Geheimagent Ihrer Majestät, versucht mehr über die geheimnisvolle Organisation „Quantum" herauszubekommen. Quantum stellt eine Bedrohung für England dar, ist aber auch für den Tod von Bond's Freundin Vesper verantwortlich. Am Gardasee entkommt Bond einer Verfolgung durch Quantum und bringt Dominic Greene, ein führendes Mitglied von Quantum und Umweltschützer mit hohem Ansehen, zum Verhör durch den MI6 nach Siena. Nach White's Flucht spürt Bond ihn auf Haiti auf. Dort trifft er auf Camille, der Geliebten von Greene. Sie ist eine bolivianische Agentin, die ihre getötete Familie rächen will. Für den Tod ist General Medrano verantwortlich, den White als Staatsoberhaupt Boliviens einsetzen will. Als Gegenleistung erwartet er ein Stück Wüste mit unterirdischen Wasservorräten, die er teuer verkaufen will. Dieses Geschäft misslingt: Camille erschießt Medrano; White wird von Bond in der Wüste ausgesetzt. In Russland trifft Bond auf den verräterischen Freund von Vesper, der ihn über die Umstände von Vespers Tod informiert. Jetzt kann Bond mit ihr abschließen.

Kleider machen Leute
von Gottfried Keller

„Kleider machen Leute" ist eine Novelle des Schweizer Dichters Gottfried Keller aus dem Jahre 1874.

Ein arbeitsloser Schneider geht fein gekleidet in die Stadt und wird dort für einen Grafen gehalten. Er fühlt sich dadurch sehr geschmeichelt. Ihm fällt es durch diesen Umstand leichter, der Tochter eines sehr bedeutenden Bürgers der Stadt näher zu kommen. Zunächst klärt er das Missverständnis nicht auf, am Ende wird er jedoch enttarnt.

Die Vorstadtkrokodile
von Max von der Grün

Das Buch „Vorstadtkrokodile" von Max von der Grün erschien im Jahre 1976.

Der Roman ist von der Grüns Sohn Frank gewidmet, der selbst behindert ist und im Rollstuhl sitzt. Diese Tatsache stellte für von der Grün auch den Anlass dar, das Buch zu schreiben. Schließlich sei sein Sohn auch auf Hilfe angewiesen und das Warten auf Spielkameraden gehöre zum Alltag. Deshalb wolle er mit dieser Geschichte junge Menschen für dieses Thema sensibilisieren und sie dazu ermutigen, nicht wegzuschauen, wenn ein Behinderter in ihrer Nähe ist. Im Vorwort seines Buches ermutigt er dazu, mit Behinderten ins Gespräch zu kommen, freundlich zu ihnen zu sein und auch mal hilfsbereit. Er greift in diesem Buch auf eine Umgebung zurück, die ihm offensichtlich vertraut ist. Er schildert das Arbeitermilieu einfacher Leute, zu denen er auch gehörte. Vielleicht gibt dieses Werk Ihren Schülern ja auch Anlass, mit behinderten Menschen in Kontakt zu kommen.

DIE INHALTSANGABE – Freies Schreiben Sekundarstufe – Bestell-Nr. 10898

KOHL VERLAG

1 Wozu eine Inhaltsangabe?

Aufgabe 2: *Was fällt euch an den Texten auf Seite 7 besonders auf? Folgende Fragen können euch helfen:*

- *Was erfahrt ihr über die Personen in dem Text?*
- *Fühlt ihr euch über den Inhalt des Films und der Bücher informiert?*
- *Wisst ihr, worum es geht?*

Tauscht euch in der Gruppe aus.

Aufgabe 3: *Sammelt in eurer Gruppe allgemeine Stichworte als Antworten auf folgende Fragen:*

- *Wie beschreibt ihr den Sprachgebrauch?*

🖉 _____

_____

- *Wie umfangreich sind die Informationen?*

_____

_____

Aufgabe 4: a) *Ordnet nach eigenen Vorstellungen eure Stichworte und stellt sie auf einem Plakat zusammen. Präsentiert eure Ergebnisse den anderen Gruppen in der Klasse.*

b) *Hängt eure Lösungen aus und vergleicht sie miteinander. Haltet die Gemeinsamkeiten eurer Lösungen an der Tafel und unten fest.*

🖉 _____

_____

_____

_____

_____

_____

DIE INHALTSANGABE
Freies Schreiben Sekundarstufe — Bestell-Nr. 10898
KOHL VERLAG

Die angegebenen Textvorlagen können einen ersten Eindruck und ein erstes Bekanntmachen mit dem Thema „Inhaltsangabe" ermöglichen. Selbstverständlich können für eine Erarbeitung auch andere Texte herangezogen werden. Diese können selbst gesucht oder auch von den Schülern selbst ausgewählt werden. Dabei ist es natürlich wichtig, dass sich die Schüler über die zur Verfügung stehenden Texte informieren müssen.

Um sich auf einen oder zwei Texte festzulegen, könnte man ganz im Sinne der Demokratie die Schüler nach Mehrheit abstimmen lassen. Hier kann diese zentrale Frage gestellt werden:

„Was müsst ihr alles von einem Text wissen, wenn ihr euch für ihn entscheiden wollt?"

Die einzelnen Beiträge zum Textinhalt werden von den Schülern offen gesammelt und auf Folienstreifen notiert. Dabei werden sowohl die Fragen der anderen zum Text als auch die möglichen Antworten festgehalten. Anschließend werden die Folienschnipsel auf dem Tageslichtprojektor geordnet. So kann man die wichtigsten Informationen zu einem Text auf noch ungeordnete Weise zusammentragen. Das Arbeitsblatt Seite 7 bringt schon konkrete Fragen, die die Schüler zur Struktur der Inhaltsangabe anleiten. So erhalten sie eine konkrete Vorgehensweise zum Schreiben einer Inhaltsangabe.

Möchte man die Schüler nicht selbstständig suchen lassen, kann man die Aufgabe 1 bearbeiten lassen und dann direkt mit Aufgabe 4 auf Seite 9 weitermachen.

Hinweise zum Schreiben einer Inhaltsangabe *(Grundlage: Erzählende Texte)***:**

1. Der Text wird nach Sinn-/Handlungsschritten gegliedert.

2. Der Inhalt der so gewonnenen Abschnitte wird in je einem Satz zusammengefasst.

3. Das Handlungsergebnis/Erzählziel wird fixiert. Frage: Worauf läuft die ganze Handlung hinaus?

4. Vom Gesamtziel/Handlungsergebnis her wird gefragt: Ist der einzelne Abschnitt wichtig zum Erreichen des Ziels?

5. Entsprechende weitere Verkürzung.

6. Vom Leser aus gedacht wird überlegt: Welche Angaben/Informationen braucht der Leser? Ergebnis: Der Leser braucht Angaben über Autor, Textart, Personen, Zeit und nähere Umstände der Handlung, um die Geschichte einordnen und damit auch verstehen zu können. Am besten gibt man ihm gleich zu Beginn auch einen kurzen Gesamtüberblick über den Inhalt des Textes. So kann er dann die Einzelheiten besser einordnen.

7. Die „Basisinformationen werden formuliert.
   (Versuch, den Kern des Gesamtinhalts in einem Satz zu formulieren.)

8. Der Handlungsverlauf wird in chronologischer Reihenfolge angeordnet.

DIE INHALTSANGABE Freies Schreiben Sekundarstufe — Bestell-Nr. 10898

KOHL VERLAG

Für die Schüler kann verknappt festgehalten werden:

Gliederung einer Inhaltsangabe

Informiere deinen Leser zunächst über die Grundgegebenheiten des Textes:

• Nenne Autor und Textart (Vielleicht auch Erscheinungsjahr...)

• Fasse den Gesamtinhalt in einem Satz zusammen und nenne die wichtigsten Handlungsträger sowie das Handlungsergebnis.

Stelle knapp den Handlungsverlauf dar:

• Beschreibe die Ausgangslage. (Wer ist beteiligt? Was ist der Anlass der Handlung? Wo und wann spielt die Geschichte?)

• Gib die Handlungsschritte an. (Wer tut was? Wer hat was vor?)

• Führe das Handlungsziel aus.

<u>Das erste Kapitel dauert 5 Unterrichtsstunden</u>

Seiten	11/12	1. Unterrichtsstunde
Seite	13	2. Unterrichtsstunde (+ HA)
Seiten	14-17	3.+4. Unterrichtsstunde (+ HA)
Seiten	18-19	5. Unterrichtsstunde (+ HA)

Diese Einteilung gilt nur als Richtwert, da die tatsächliche Unterrichtszeit von der Individualität Ihrer Schüler und deren eigenem Lerntempo abhängt. Die einzelnen Kopiervorlagen müssen nicht immer vollständig erarbeitet werden, um einen Lernerfolg zu erzielen.

DIE INHALTSANGABE
Freies Schreiben Sekundarstufe — Bestell-Nr. 10898

KOHL VERLAG

Was erwartet den Leser?

Aufgabe 1: **a)** *Lies die Tabelle aufmerksam.*

Das will der Leser wissen	Das muss der Berichtende darstellen
Um welche Art von Geschichte handelt es sich?	
Wer hat sie geschrieben?	
Um was geht es?	
Wer ist beteiligt?	
Was geschieht?	
Wo und wann spielt die Geschichte?	
Wie läuft die Handlung genauer ab? Wie baut sie der Erzähler auf? Wie sind die Figuren beteiligt? Warum wird so gehandelt?	

b) *Ordne deine Antworten den Fragen zu.*

Titel/Thema   Handlungsablauf   Autor   Textart (Erzählung, Bericht)

Orientierung über Ort, Zeit   Motive, Gründe, Ziele   Figuren der Geschichte

DIE INHALTSANGABE
Freies Schreiben Sekundarstufe – Bestell-Nr. 10898

KOHL VERLAG

Hinweise für eine Inhaltsangabe

Vorarbeit

☐ Gliedere den Text in Abschnitte.

☐ Fasse wichtige Abschnitte der Handlung in einem Satz zusammen.

☐ Erstelle den Basissatz mit dem Kern der „Geschichte".

Beachte ...

☐ Zeitform Präsens

☐ Achte auf die indirekte Rede (Konjunktiv I; gegebenenfalls Konjunktiv II)

☐ Fasse dich kurz und knapp!

In die Einleitung kommt ...

☐ Autor, Titel, Textart, wichtige Personen, Zeit und den Basissatz nennst du in knapper Form.

In den Hauptteil kommt ...

☐ Erzähle den Handlungsverlauf chronologisch.

☐ Nenne dazu wichtige Personen in Verbindung mit Angaben zu Wer?, Wo?, Wann? und Warum?.

☐ Nenne das Ziel/das Ende/das Ergebnis des Geschehens.

In den Schluss kommt ...

☐ Eine Schlussdeutung bzw. eine eigene Meinung zum Text (diese muss als solche gekennzeichnet sein).

DIE INHALTSANGABE
Freies Schreiben Sekundarstufe – Bestell-Nr. 10898
KOHL VERLAG

Aufgabe 2: *Bildet Vierergruppen, wählt einen Text aus und entwerft gemeinsam eine Inhaltsangabe. Eure zukünftigen Zuhörer kennen euren Text nicht. Verwendet die Fragen aus Aufgabe 1.*

Fertigt einen Stichwortzettel an, mit dessen Hilfe ihr eure Berichte mündlich vortragen könnt! Tragt eure Berichte der Klasse vor. Eure Mitschüler sollen beobachten, wie weit ihr die zusammengestellten Fragen der Hörer beantwortet. Haben sie darüber hinaus noch Fragen? Beantwortet auch diese.

Stichwortzettel

Art der Geschichte: _____

_____

Autor: _____   Titel: _____

Personen: _____

_____

_____

Handlung: _____

_____

_____

_____

Ort und Zeit: _____

_____

Aufgabe 3: *Überarbeitet nun eure Inhaltsangaben und formuliert sie schriftlich.*

DIE INHALTSANGABE Freies Schreiben Sekundarstufe – Bestell-Nr. 10898

Aufgabe 4: *Lies den Text von Wickie, dem klugen Wikingerjungen, aufmerksam durch.*

Die Wilde Jagd
von Runer Jonsson

Wickie rannte, so schnell er konnte. Er hatte es sehr eilig. Aber der Wolf, der hinter ihm herjagte, hatte es mindestens ebenso eilig. Der Wolf sprang einfach über die großen Steine hinweg; Wickie musste ihnen ausweichen, und dabei verlor er jedes Mal ein paar Meter von seinem Vorsprung. Wenn ich nur genug Vorsprung behalte! dachte er erschrocken. Verflixt, dass die dummen Steine auch so nah beieinander liegen!

Es war der zotteligste Wolf weit und breit, er hatte böse Augen und einen scheußlichen Rachen voll langer, scharfer Zähne. Wütend knackte er mit den Kiefern, im Laufen schlug er die Zähne zusammen. Der übt schon, dachte Wickie. Gleich stecken meine armen Schienbeine dazwischen. Dann macht es knicks und knacks und es tut schrecklich weh.

Der Wolf kam näher. Er lief mit leerem Magen, und dann sind Wölfe am hartnäckigsten. Wickie kannte ihr entsetzliches Schnaufen. Wölfe schnaufen, um jemandem Bange zu machen. Dieser Wolf war gewiss ein Meisterschnaufer, und die guten Schnaufer beißen leider auch am besten.

Ein Zwischenspurt! dachte Wickie. Nur ein einziger kurzer Spurt von der richtigen Art, das könnte mich retten! Es war sein oft geübter zuverlässiger Trick, wenn er mit den Kindern von Flake um die Wette lief. Dann steigerte er plötzlich die Geschwindigkeit und setzte sich an die Spitze.

Wickie versuchte es mit einem Zwischenspurt, einem besonders guten. Aber leider konnte der Wolf es genauso gut. Der musste täglich hinter jemandem her- oder vor jemandem weggelaufen sein und war deshalb gut in Übung. Dieser Wolf hielt sein Tempo wie kein zweiter. Wenn Wickie dachte: Jetzt hab ich's geschafft! Gleich bin ich ihn los! - dann wurde der Wolf nur noch schneller.

Und jetzt hörte Wickie auch das Schnaufen. Dieses hässliche Geräusch aus der Wolfsnase hatte er schon oft gehört; aber niemals so böse und noch niemals so dicht hinter sich. Und noch immer konnte Wickie den Kletterbaum nicht sehen, der ihn schon so oft gerettet hatte. Aber da war ein großer Wacholder! Hinter dem Busch hielt er plötzlich an, und flink wie ein Gedanke stellte er dem Wolf ein Bein. Das war vielleicht ein bisschen unfair; aber Not kennt kein Gebot. Wölfe nehmen sich selten in Acht. Dieser alte Bursche überschlug sich holterdipolter glatt zwei-, dreimal und stieß dabei hässliche Wolfsflüche aus. Wickie rannte weiter. Und schon hatte er dreißig Meter Vorsprung gewonnen.

Aber auch der Wolf war schnell wieder auf der Strecke, und er war noch wütender als zuvor. Er fand das Beinstellen so ungemein hinterhältig, dass er keuchte, mit den Zähnen klappte und durch die Nase schnaufte - alles zu gleicher Zeit - so etwas hat man noch nicht erlebt! Er war Wickie bald dicht auf den Fersen und versuchte sicher schon, nach seinen Beinen zu schnappen.

Da - endlich! - war Wickies Wolfsbaum mit den Klettersprossen. Ruckzuck hatte Wickie die 2-Meter-Sprosse erreicht, im selben Augenblick, als der Wolf ihn anspringen wollte. Zum Glück war der Bursche ziemlich schwach im Hochsprung; er schaffte nur 1,80. Eine Menge Wölfe schaffen spielend 2,50, einige besonders tüchtige sogar 3 Meter. Dieser hier landete immer wieder bei 1,80 - obwohl er gewiss doch jeden Tag übte. Oh, wie wütend der schnaufte, als nur noch zwanzig Zentimeter fehlten!

Wickie kletterte weiter hinauf, bis zur 8-Meter-Sprosse. Dort in einer Astgabel hatte er für alle Fälle einen großen Stein festgeklemmt. Schon begann Wickie, dem Wolf eine lange

DIE INHALTSANGABE Freies Schreiben Sekundarstufe – Bestell-Nr. 10898

Nase zu machen. Die Wölfe von Flake werden fuchsteufelswild, wenn man ihnen lange Nasen macht. Deswegen machte Wickie gleich eine lange Nase nach der anderen. Und der Wolf sprang weiter nach ihm; irgendetwas musste er ja tun in seinem schrecklichen Ärger. Und Wickie ließ ihn ruhig springen. Er wartete nur darauf, dass der Wolf einmal einen besonders tüchtigen Anlauf nahm, dann sollte er etwas erleben! Wenn der Wolf und der Stein sich in voller Fahrt begegneten, war die Wirkung gewiss am stärksten. So hatte es Wickie sich überlegt, und was er überlegt hatte, das stimmte immer.

Und dann nahm der Wolf alle Kraft zusammen, und auch Wickie tat, was er konnte. Der Stein traf genau die dünnbehaarte Stelle auf dem Scheitel. Dort haben nämlich die Wölfe von Flake ihren empfindlichsten Punkt, und im Allgemeinen achten sie auch besonders gut darauf. Nur wenn man ihnen lange Nasen macht, dann kennen sie sich vor Zorn selbst nicht mehr.

Der Wolf stürzte zu Boden, und Wickie begann wie gewöhnlich langsam bis hundert zu zählen. Rührte sich der Wolf dann immer noch nicht, lag er immer noch so da, wie er gefallen war, dann wusste Wickie, dass er noch mindestens eine Stunde bewusstlos sein würde. Wölfe können sich nicht verstellen, und das ist ein großer Nachteil. Solange noch ein Funken Leben in ihnen ist, rasen sie blindlings drauflos. Wenn sie wie tot daliegen, dann liegen sie wirklich wie tot da.

– Neunundneunzig, Hundert.. ., zählte Wickie und kletterte hinunter. Er hatte es eilig, zu Mutter Ylva nach Haus zu kommen, denn es war Essenszeit.

Er aß ein Butterbrot mit Honig, eines mit Quark, eines mit Schinken, eines mit Heidelbeermarmelade, eines mit geräuchertem Aal, eines mit Wurst und noch eines mit Quark.

(Aus: Runer Jonsson: Wickie und die starken Männer. Herold-Verlag, Stuttgart 1977, S.7-11)

Aufgabe 5: a) *Erzählt die Geschichte mit eigenen Worten! Nehmt eure Erzählungen digital oder mit einem Diktiergerät auf!*

b) *Anschließend spielt jede Gruppe den anderen die Nacherzählung vor. Überlegt dann gemeinsam:*

• Welche Absicht verfolgt die Nacherzählung?

_____

_____

• Welchen Einfluss nimmt die Nacherzählung auf den Zuhörer?

_____

_____

• Wir hatten vor, eine **Inhaltsangabe** anzufertigen. Was muss da anders werden? (Erinnert euch: Was erwartet der Leser/Hörer?)

_____

_____

DIE INHALTSANGABE
Freies Schreiben Sekundarstufe – Bestell-Nr. 10898

KOHL VERLAG

2 Kern einer Inhaltsangabe

Inhaltsangabe: Die Wilde Jagd

Runer Jonsson erzählt eine Geschichte von Wickie, dem Sohn des Wikingerhäuptlings von Flake. Wickie wird von einem besonders hungrigen Wolf verfolgt und versucht verschiedene Tricks, um den Verfolger abzuschütteln, doch es gelingt ihm nicht so ganz. Mit letzter Kraft erreicht der kleine Wickie seinen Kletterbaum und kann sich in Sicherheit bringen. Schließlich gelingt es ihm noch, durch einen geschickten Steinwurf den Wolf unschädlich zu machen.

GA

Aufgabe 6: *Vergleicht eure Erzählung mit dem obigen Text.*

    a) Wo seid ihr ausführlicher, wo ist es der Text?

    ✎ _____

    _____

    _____

    b) Welches Tempus habt ihr benutzt?

    _____

    _____

    _____

GA

Aufgabe 7: *Überlegt gemeinsam: Wie kann man vorgehen, um die wichtigsten Informationen herauszufiltern?*

    ✎ _____

    _____

    _____

Knicklinie - Blatt vor dem Lesen knicken! Nur als Hilfestellung benutzen! - Knicklinie

- -

Hilfen

<u>Fragen/Antworten:</u>

- Worauf läuft die ganze Handlung hinaus?
- Markiert im Text die Handlungsschritte und fasst den Inhalt der jeweiligen Abschnitte in einem Satz zusammen.
- Überprüft: Ist der jeweilige Handlungsschritt für das Erreichen des Handlungsziels wichtig?

DIE INHALTSANGABE
Freies Schreiben Sekundarstufe — Bestell-Nr. 10898

KOHL VERLAG

PA

Aufgabe 8: *Überarbeitet den Text „Die wilde Jagd" oder die eigene Inhaltsangabe, indem ihr so vorgeht:*

- Worauf läuft die ganze Handlung hinaus?
- Markiert im Text die Handlungsschritte und fasst den Inhalt der jeweiligen Abschnitte in einem Satz zusammen.
- Überprüft: Ist der jeweilige Handlungsschritt für das Erreichen des Handlungsziels wichtig?
- Entsprechende weitere Verkürzungen vornehmen.

DIE INHALTSANGABE
Freies Schreiben Sekundarstufe – Bestell-Nr. 10898
KOHL VERLAG

Aufgabe 9:a)

Der kleine Königssohn

Es war einmal ein König, der hatte einen Sohn, auf den wäre er mächtig stolz gewesen, wenn dieser nicht arg klein gewesen wäre. Ja, der war schon so klein, dass er bestimmt als Zwerg angesehen worden wäre, wäre er nicht der Sohn des Königs gewesen. Ein Maulwurfshügel war für ihn ein fast unüberwindlicher Berg, und der Weg von seinem

5 Spielzimmer zum Thronsaal, in dem sein Vater regierte, kam ihm wie eine kleine Welt-reise vor. Ihm machte es eigentlich nicht viel aus, dass er nicht auf einem normalen Stuhl am Tisch sitzen konnte. Seinem Vater aber zerriss es fast das Herz, wenn er nur an den kleinen Knirps dachte. Wie wollte der einmal König sein? Ein König hatte stattlich auszusehen, musste eine gute Figur abgeben, wenn er die Parade abnahm, musste

10 schon in seinem Äußeren Eindruck machen, wenn er auf seinem Thron saß und regier-te. So blieb dem Vater nichts anderes übrig, als sich nach einem anderen Nachfolger und Erben der Königswürde umzusehen.

Seinem kleinen Sohn aber machte das nicht so viel aus. Er war zwar etwas klein gera-ten, aber dafür war er ausnehmend klug und dazu noch gewandt, konnte auch knifflige

15 Fragen ohne größere Mühe lösen. Im Grunde hatte die Entscheidung seines Vaters nur positive Seiten für ihn. Jetzt kümmerte man sich nicht mehr so viel um ihn, er wurde nicht mehr von einem Arzt zum andern geschleppt, hatte viel Zeit zum Spielen und war dabei, das war eigentlich das Schönste für ihn; er war nicht mehr allein, denn jetzt konn-te er ohne Aufsicht in den Stadtpark zum Spielplatz gehen und sich dort mit anderen

20 Kindern treffen.

So kam es, dass er immer mehr Spielgefährten und sogar Freunde fand, denn den Kindern aus der Stadt machte es nichts aus, dass er nicht ganz so groß war wie sie. Sie hatten bald gemerkt, dass er in vielen Dingen Bescheid wusste und auch immer bereit war, ihnen zu helfen. Zwar kannte keiner seinen Namen und niemand wusste, wo

25 der Kleine herkam und wohin er am Abend ging, wenn alle nach Hause gingen, aber darüber zerbrach sich keines der Kinder den Kopf. „Mini", so nannten ihn alle, war eben da und gehörte dazu, und wenn er einmal wegblieb, weil er krank war oder weil ihm das Wetter zu schlecht war, so hinterließ er eine gewaltige Lücke, und jeder fragte: „Wo ist eigentlich Mini? Gerade heute hätte ich ihn gebraucht."

30 Eines Tages aber ging das Gerücht in der Stadt um, der König liege im Sterben, und die Erwachsenen versammelten sich vor dem Schloss, nicht nur, um ihre Anteilnahme zum Ausdruck zu bringen, sondern auch aus Neugier. Man wollte schließlich sehen, wer der neue König werden würde. Gegen Mittag trat der erste Minister auf den Balkon des Schlosses und gab den Tod des Königs bekannt. Das Gemurmel unter dem Volk

35 verstummte. Jetzt war man gespannt. Wer wird als Nachfolger des Königs den Balkon betreten? Der Minister wandte sich um und führte einen jungen Mann heraus, stellte ihn vor als den Neffen des verstorbenen Königs und neuen König. Ein Geraune ging durch die Menge. War das nicht der unnahbare junge Mann, den niemand so richtig leiden konnte? Und der sollte der neue König sein? Wie streng der schon dreinblickte!

40 Und jetzt versuchte er auch noch, ein kleines Kind vom Balkon zurückzudrängen!

DIE INHALTSANGABE
Freies Schreiben Sekundarstufe – Bestell-Nr. 10898

KOHL VERLAG

Aber war das nicht? Da rief plötzlich ein Kind aus der Menge: „Das ist doch unser Mini!"
Und immer mehr Kinder riefen „Mini! Mini!", bis schließlich auch die Erwachsenen ein-
stimmten: „Mini, Mini!" Schließlich brauste ein gewaltiger Sprechchor über den großen
Platz: „Mini! Mini! Mini!"

45 Hilflos zuckte der erste Minister die Schultern und wandte sich zu dem stattlichen jungen Mann an seiner Seite. „Vox populi, die Stimme des Volkes! Ich glaube, das Volk
hat entschieden. Wenn das unser alter König noch erlebt hätte!" So wurde der kleine
Königssohn doch noch König, ohne dass er darauf besonders vorbereitet worden wäre.
Seine früheren Spielkameraden und jetzigen Untertanen aber meinten, er habe die

50 denkbar beste Ausbildung erhalten, die man sich für einen König nur wünschen kann.

b) *Gliedere den Text und fasse den Inhalt jedes Abschnittes in einem Satz zusammen.*

---

c) *Formuliere den Kern des Textes in einem Satz.*

---

 d) *Schreibe eine ausführliche Inhaltsangabe in dein Heft.*

DIE INHALTSANGABE
Freies Schreiben Sekundarstufe – Bestell-Nr. 10898
KOHL VERLAG

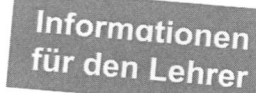

Hier soll nun genauer untersucht werden, wie sich die Verpflichtung zur sachlichen Information auf die Gliederung und auf die Sprachgebung der Inhaltsangabe auswirkt.

- Wie wird vermutlich die Sprachgebung sein?
- Welche Gliederung könnte man anwenden?

Die Inhaltsangabe wird alles vermeiden, was den Leser gespannt macht auf den Fort- und Ausgang des Geschehens. Deshalb wird sie ...

- ... das Ergebnis vorwegnehmen und schon zu Beginn mitteilen,
- ... auf spannungserzeugende Mittel (offene Sätze, Fragen, Mitteilen von Teilinformationen...) verzichten,
- ... darauf verzichten, den Leser/Hörer durch bestimmte erzählerische Mittel (direkte Rede, innerer Monolog usw.) in das Geschehen hineinzuversetzen.

Hinsichtlich der Sprachgebung ist Zurückhaltung angebracht, das bedeutet:

- Darstellung aus der Distanz des Berichterstatters,
- Verzicht auf Ausschmückungen und Verlebendigungen,
- Verzicht auf Metaphern und anschauliche Darstellungen (benennen statt darstellen!).

Die Gliederung ist auf die Vermittlung eines Sachverhalts ausgerichtet.

Deshalb wird verzichtet auf ...

- ... Umstellungen der chronologischen Reihenfolge,
- ... Vorwegnahmen und Rückblenden.

Stattdessen ist gefordert:

- Orientierung an der Geschehenschronologie
- Verzicht auf Retardierungen (zeitliche Verzögerung eines Ablaufes) usw.

Hinweis

Die Schüler sollten hier ihre Vermutungen äußern. Genaueres wird erst erarbeitet. Besonders wenn es um die Sprachgebung geht, wird man gelegentlich nachfragen, so etwa:

- Was heißt das: „sachliche Sprache"?
- Worauf wird man verzichten müssen, wenn man den Aufbau von Spannung vermeiden will?
- Was wird mit der direkten Rede?

(Vorsicht! Hier nicht zu viel vorgeben, nur das Problem sollte bewusst werden!)

Hinweis: Aufgabe 5 kann auch problemlos entfallen

Impuls

Der Unterschied in der Sprachgebung wird am deutlichsten in einem Vergleich von Nacherzählung und Inhaltsangabe.

....

Das zweite Kapitel dauert 3 Unterrichtsstunden

Seiten	21-22	1. Unterrichtsstunde (+ HA)
Seiten	23-24	2. Unterrichtsstunde
Seiten	25-26	3. Unterrichtsstunde (oder HA)

Diese Einteilung gilt nur als Richtwert, da die tatsächliche Unterrichtszeit von der Individualität Ihrer Schüler und deren eigenem Lerntempo abhängt. Die einzelnen Kopiervorlagen müssen nicht immer vollständig erarbeitet werden, um einen Lernerfolg zu erzielen.

DIE INHALTSANGABE
Freies Schreiben Sekundarstufe — Bestell-Nr. 10898
KOHL VERLAG

PA

Aufgabe 1: *Lest den Text mit verteilten Rollen.*

Der Hasenbraten

von Karl Valentin

Mann: Elisabeth! – Ich hab' doch Hunger, was is' denn heute mit dem Hasenbraten?

Frau: Der ist noch nicht fertig, aber die Suppe steht schon am Tisch.

Mann: *(schlürft)* Na, die Suppe ist heut' wieder ungenießbar.

Frau: Wieso? Des is sogar heut' eine ganz feine Supp'n.

Mann: Das sagt ja auch niemand, dass die Supp'n nicht fein ist, ich mein nur, sie ist ungenießbar, weil's so heiß ist.

Frau: Eine Suppe muss heiß sein.

Mann: Gewiss! Aber nicht zu heiß!

Frau: Dddddd – alle Tag und alle Tag das gleiche Lied, entweder ist ihm die Supp'n zu heiß, oder sie ist ihm zu kalt; jetzt will ich dir amal was sagen: Wenn ich dir nicht gut genug koch', dann gehst ins Wirtshaus zum Essen.

Mann: Des is gar net notwendig, die Suppn, is' ja gut, nur zu heiß.

Frau: Dann wartest halt so lang, bis's kalt is.

Mann: Eine kalte Supp'n mag ich auch nicht.

Frau: Dann – jetzt hätt ich bald was gsagt.

Mann: Ich weiß schon – nach'm Essen.

Frau: Jeden Tag und jeden Tag muss bei uns gestritten werden, anders geht's nicht.

Mann: Naja. du willst es ja nicht anders haben.

Frau: So, bin ich vielleicht der schuldige Teil?

Mann: Na, wer denn, hab ich die Supp'n kocht?

Frau: Eine kochende Suppe is' immer heiß.

Mann: Ja, vielleicht kochst du's zu lang!

Frau: Zu lang? Nein, nein, morg'n häng i an Thermometer in Suppentopf nei, damit der Herr Gemahl a richtig temperierte Supp'n bekommt.

Mann: Eine gute Köchin braucht kein Thermometer zum Supp'n kochen.

Frau: Jaja, nun kommt die spöttische Seite, so geht's ja jeden Tag, zuerst nörgelt er, und dann kommt der Spott auch noch dazu ...

Mann: Was heißt nörgeln. Ich habe doch als Mann das Recht zu sagen, die Suppe ist mir zu heiß.

Frau: Jetzt fangt er wieder mit der heißen Supp'n an; es ist wirklich zum Verzweifeln.

Mann: Du brauchst nicht zu verzweifeln, du sollst die Suppe so auf den Tisch stellen, wie sie sein soll, nicht zu kalt und nicht zu heiß.

Frau: Aber jetzt ist sie doch nicht mehr zu heiß!

Mann: Jetzt nicht mehr, aber wie du sie hereingetragen hast, war sie zu heiß.

Frau: Schau, schau, er hört nicht mehr auf, er bohrt immer wieder in dasselbe Loch hinein.

Mann: Wieso, was soll das heißen?

Frau: Weil du immer wieder mit der heißen Supp'n daherkommst.

Mann: Du bist doch mit der heiß'n Suppn dahergekommen, nicht ich, du drehst ja den Stiel um.

Frau: Du bist und bleibst ein Streithammel. – Du, horch! – Was riecht denn da so komisch?

DIE INHALTSANGABE
Freies Schreiben Sekundarstufe – Bestell-Nr. 10898

KOHL VERLAG

Mann:	Ich hör auch was – da brandelt was.
Frau:	Hast vielleicht wieder eine brennende Zigarette auf den Teppich geworfen?
Mann:	Ich hab' ja heute noch nicht geraucht, und wenn ich geraucht hätte, dann hätt' ich die Zigarette nicht auf den Teppich, sondern in den Aschenbecher geworfen.
Frau:	Ich hab's ja auch nicht behauptet, ich hab ja nur gemeint, und meinen werd' ich noch dürfen. Um Gottes willen. der Rauch kommt ja aus dem Gang!
Mann:	Na, so geh' halt raus und schau, was los ist.
Frau:	Mein Gott! – Die ganze Küche ist voll Rauch. Mach die Ofentüre auf. Jessas, der Has' ist verbrannt!
Mann:	Jaja, bei uns muss ja immer was los sein!
Frau:	So! *(Sie kommt aus der Küche auf den Mann zu und zeigt ihm den Braten.)* Da schau her, da schau her, da haben wir jetzt die Bescherung! Mit deiner ewigen Streiterei ist unser ganzes Essen verbrannt.
Mann:	Mahlzeit! – Und drinnen waltet die tüchtige Hausfrau!
Frau:	Wer ist denn schuld? Du! Mit deinem ewigen Streiten und Nörgeln!
Mann:	Ich habe nicht gestritten und genörgelt, ich hab ja nur gesagt, dass die Suppe zu heiß ist!
Frau:	Jetzt fangt er wieder an mit der heißen Supp'n, ich lauf noch auf und davon!
Mann:	Auf brauchst gar nicht laufen, nur davon! – Genügt mir vollständig.
Frau:	Mit lauter Streiten hab ich ganz drauf vergessen, und der arme, arme Has' ist jetzt im glühenden Ofenrohr jämmerlich verbrannt. – Essen kannst'n nimmer!
Mann:	Das glaub' ich! Aber dem Tierschutzverein werd ich's melden!

<u>Quelle</u>: *Karl Valentin: Gesammelte Werke, © Piper Verlag GmbH, München*

Aufgabe 2: *Im Folgenden findet ihr den Beginn einer Nacherzählung.*
Schreibt sie zu Ende.

<u>Nacherzählung</u>

Der Mann saß am Tisch und wartete auf das Mittagessen. Er hatte Hunger und wurde schon ungeduldig. Als dann seine Frau ihm statt des erwarteten Hasenbratens eine Suppe anbot, fing er an zu schimpfen, die Suppe sei zu heiß und damit ungenießbar. Die Frau fühlte sich jetzt in ihrer Ehre als Köchin angegriffen und warf ihrem Mann vor, er nörgle ja sowieso immer, und überhaupt, wenn es ihm nicht passe, könne er ja ins Wirtshaus essen gehen ...

DIE INHALTSANGABE
Freies Schreiben Sekundarstufe – Bestell-Nr. 10898

KOHL VERLAG

PA

Aufgabe 3: **a)** *Hier folgt nun eine Inhaltsangabe zu diesem Text. Lest sie aufmerksam durch.*

In dem Dialog „ Der Hasenbraten" stellt Karl Valentin einen Streit zwischen Eheleuten dar, dessen Anlass eine zu heiße Suppe und dessen Folge ein verkohlter Hasenbraten sind. Während sich der Ehemann darauf versteift, die aufgetragene Suppe sei zu heiß und damit ungenießbar, versucht die Frau immer wieder zu erklären, dass kochende Suppen eben heiß seien. Der Mann verrennt sich in seine Ansicht und geht auf die Argumente der Frau nicht mehr ein. Vor lauter Streiten merken sie nicht, dass inzwischen der Braten im Herd verkohlt.

b) *Stellt die Unterschiede zwischen der Nacherzählung und der Inhaltsangabe in der Tabelle gegenüber.*

Nacherzählung	Inhaltsangabe

DIE INHALTSANGABE
Freies Schreiben Sekundarstufe – Bestell-Nr. 10898

KOHL VERLAG

Aufgabe 4: *Die folgenden Formulierungen aus dieser Inhaltsangabe sind nicht ganz sachlich. Markiere die „unsachlichen" Teile und verbessere die Sätze.*

a)

Der Mann meckert, die Suppe sei ungenießbar.

Verbesserung: _____

_____

b)

Die Frau warf ihrem Mann vor, er nörgle ja doch immer und überhaupt, er könne ja, wenn es ihm nicht passe, ins Wirtshaus gehen zum Essen.

Verbesserung: _____

_____

_____

c)

Die Frau hält erbost dagegen: „Du bist ein Streithammel!" und bemerkt gleichzeitig, dass da in der Küche etwas geschehen sein muss. Etwas riecht komisch.

Verbesserung: _____

_____

_____

Merke dir:

Die Sprache in einer Inhaltsangabe muss sachlich sein. Spannung sollte es keine geben, daher wird alles der Reihe nach erzählt und nur die indirekte Rede verwendet.

Achte darauf: Nacherzählung   Inhaltsangabe

spannend   *sachlich*

DIE INHALTSANGABE
Freies Schreiben Sekundarstufe – Bestell-Nr. 10898

3 Sachliche Informationen

Aufgabe 5: *Anhand der Beispiele aus „Die wilde Jagd" und „Der kleine Königssohn" kannst du Sachlichkeit und Verfassen der indirekten Rede nochmals probieren.*

a)

„O weh!", dachte Wickie, „der Wolf kommt näher und näher. Was tu ich nur?"

Verbesserung: _____

_____

_____

_____

b)

Wickie läuft und läuft. Doch der Wolf kommt näher und näher. Fast hat er Wickie schon erreicht. Da hat er eine Idee. Er hält hinter einem Busch ein, stellt dem Wolf etwas unfair ein Bein und schwups – fällt dieser auf die Nase. Erleichtert atmet Wickie auf. Jetzt kann er wieder einen Vorsprung erreichen.

Verbesserung: _____

_____

_____

_____

_____

_____

_____

_____

_____

c)

„Mini! Mini!" tönen laute Sprechchöre über den weiten Platz vor dem Schloss. Die Menschenmenge will den Kleinen sehen, ja noch mehr, sie will ihn als König haben.

Verbesserung: _____

_____

_____

_____

_____

DIE INHALTSANGABE
Freies Schreiben Sekundarstufe – Bestell-Nr. 10898

KOHL VERLAG

d)

Dem König zerreißt es fast das Herz, wenn er daran denkt, dass der Kleine einmal König werden soll. So etwas geht doch nicht! Ein König hat stattlich zu sein.

Verbesserung: _____

_____

_____

_____

_____

e)

Wenn Mini einmal nicht kommt, so fragen die Kinder gleich: „Wo ist eigentlich Mini?"

Verbesserung: _____

_____

_____

_____

DIE INHALTSANGABE
Freies Schreiben Sekundarstufe — Bestell-Nr. 10898

KOHL VERLAG

In diesem Schritt geht es um die besondere Bedeutung des ersten Satzes bzw. der ersten Sätze einer Inhaltsangabe. Manche sprechen da vom „Basissatz". Eine Beschränkung auf einen Satz allerdings bringt bisweilen doch zu viele Formulierungsschwierigkeiten mit sich, so dass wir lieber von den Basisinformationen am Anfang sprechen wollen.

Gliederung einer Inhaltsangabe:

Informiere deinen Leser zunächst über die Grundgegebenheiten des Textes:

- Nenne Autor, Titel, Textart und Erscheinungsjahr.
- Fasse den Gesamtinhalt in einem Satz zusammen und nenne die wichtigsten Handlungsträger sowie das Handlungsergebnis.

! **Eine Einleitung kommt oft nur mit einem Satz (Basissatz) aus. Auf jeden Fall sind es nur wenige Sätze.**

Die Überlegungen zu den weiteren Handlungsschritten können zum Ergebnis führen:

Stelle knapp den Handlungsverlauf dar:

- Beschreibe die Ausgangslage. (Wer ist beteiligt? Was ist der Anlass der Handlung? Wo und wann spielt die Geschichte?)
- Gib die Handlungsschritte an. (Wer tut was? Wer hat was vor?)
- Führe das Handlungsziel aus.

Dies kann auch als möglicher Tafelanschrieb dienen.

DIE INHALTSANGABE
Freies Schreiben Sekundarstufe – Bestell-Nr. 10898
KOHL VERLAG

<u>Das dritte Kapitel dauert 2 Unterrichtsstunden</u>

Seiten 28-30   1. Unterrichtsstunde (+ HA)
Seite   31   2. Unterrichtsstunde (+ HA)

Diese Einteilung gilt nur als Richtwert, da die tatsächliche Unterrichtszeit von der Individualität Ihrer Schüler und deren eigenem Lerntempo abhängt. Die einzelnen Kopiervorlagen müssen nicht immer vollständig erarbeitet werden, um einen Lernerfolg zu erzielen.

Die Basisinformationen einer Inhaltsangabe

> Der Leser braucht Angaben über **Autor, Textart, Personen, Zeit und nähere Umstände der Handlung**, um die Geschichte einordnen und damit auch verstehen zu können. Am besten gibt man ihm auch einen **kurzen Gesamtüberblick** über den Inhalt des Textes. So kann er dann die Einzelheiten besser einordnen.

Text 1:

J.P. Hebels Geschichte „Der geheilte Patient" erzählt von einem reichen Amsterdamer, der so viel aß, bis er sich krank fühlte. Durch den Fußmarsch zum Arzt in einer entfernten Stadt wird er geheilt.

Text 2:

Im Text „Der geheilte Patient" von J.P. Hebel wird ein reicher, gelangweilter Amsterdamer beschrieben, der seinen Tag mit Essen und ohne Arbeit oder Bewegung verbrachte. Er fühlte sich bald so krank, dass er viele Ärzte aufsuchte. Die konnten ihm nicht helfen, denn sie verschrieben eimerweise Medizin. Ein Arzt in einer 18 Tage entfernten Stadt schreibt ihm, er solle zu Fuß kommen, um den Lindwurm in ihm zu heilen. Er wird durch den Fußmarsch und die Diät geheilt.

PA

Aufgabe 1: *Untersucht die beiden Einleitungen, indem ihr die Informationen jeweils herausschreibt.*

Text 1	Text 2

DIE INHALTSANGABE
Freies Schreiben Sekundarstufe — Bestell-Nr. 10898

KOHL VERLAG

Aufgabe 2: *Welche Vorzüge hat der <u>Text 1</u> als Einleitung einer Inhaltsangabe?*

Aufgabe 3: *Lies den folgenden Text aufmerksam durch.*

<u>Der geheilte Patient</u>   *Johann Peter Hebel*

Es gibt Krankheiten, die nicht in der Luft stecken, sondern in den vollen Schüsseln und Gläsern und in den weichen Sesseln und seidenen Betten, wie jener reiche Amsterdamer ein Wort davon reden kann. Den ganzen Vormittag saß er im Lehnsessel und rauchte Tabak, wenn er nicht zu faul war, oder hielt Maulaffen feil zum Fenster hinaus, aß aber zu Mittag doch wie ein Drescher, und die Nachbarn sagten manchmal: „Windets draußen oder schnauft der Nachbar so?"

Den ganzen Nachmittag aß und trank er ebenfalls, bald etwas Kaltes, bald etwas Warmes, ohne Hunger und ohne Appetit, aus lauter Langeweile, bis an den Abend, also dass man bei ihm nie recht sagen konnte, wo das Mittagessen aufhörte und wo das Nachtessen anfing. Nach dem Nachtessen legte er sich ins Bett und war so müd, als wenn er den ganzen Tag Steine abgeladen oder Holz gespalten hätte. Davon bekam er zuletzt einen dicken Leib, der so unbeholfen war wie ein Maltersack. Essen und Schlaf wollten ihm nimmer schmecken, und er war lange Zeit, wie es manchmal geht, nicht recht gesund und nicht recht krank. Wenn man aber ihn selbst hörte, so hatte er dreihundertfünfundsechzig Krankheiten, nämlich alle Tage eine andere. Alle Ärzte, die in Amsterdam sind, mussten ihm raten. Er verschluckte ganze Feuereimer voll Mixturen und ganze Schaufeln voll Pulver, und Pillen wie Enteneier so groß, und man nannte ihn zuletzt nur die zweibeinige Apotheke. Aber alles Doktern half ihm nichts, denn er folgte nicht, was ihm die Ärzte befahlen, sondern sagte: „Fouder, wofür bin ich ein reicher Mann, wenn ich soll leben wie ein Hund, und der Doktor will mich nicht gesund machen für mein Geld?"

Endlich hörte er von einem Arzt, der hundert Stund weit weg wohnte, der sei so geschickt, dass die Kranken gesund werden, wenn er sie nur recht anschaue, und der Tod geh' ihm aus dem Weg, wo er sich sehen lasse. Zu dem Arzt fasste der Mann ein Zutrauen und schrieb ihm seinen Umstand. Der Arzt merkte bald, was Ihm fehle, nämlich nicht Arznei, sondern Mäßigkeit und Bewegung, und sagte: „Wart', dich will ich bald kuriert haben!" Deswegen schrieb er ihm ein Brieflein folgenden Inhalts „Guter Freund, Ihr habt einen schlimmen Umstand, doch wird Euch zu helfen sein, wenn Ihr folgen wollt. Ihr habt ein böses Tier im Bauch, einen Lindwurm mit sieben Mäulern. Mit dem Lindwurm muss ich selber reden, und Ihr müsst zu mir kommen. Aber fürs erste,

---

DIE INHALTSANGABE
Freies Schreiben Sekundarstufe – Bestell-Nr. 10898
KOHL VERLAG

so dürft Ihr nicht fahren oder auf dem Rösslein reiten, sondern auf des Schuhmachers Rappen, sonst schüttelt Ihr den Lindwurm, und er beißt Euch die Eingeweide ab, sieben Därme auf einmal ganz entzwei. Fürs andere dürft Ihr nicht mehr essen, als zweimal des Tages einen Teller voll Gemüse, mittags ein Bratwürstlein dazu, und nachts ein Ei, und am Morgen ein Fleischsüpplein mit Schnittlauch drauf. Was Ihr mehr esset, davon wird nur der Lindwurm größer, also dass er Euch die Leber verdrückt, und der Schneider hat Euch nimmer viel anzumessen, aber der Schreiner. Dies ist mein Rat, und wenn Ihr mir nicht folgt, so hört Ihr im anderen Frühjahr den Kuckuck nimmer schreien. Tut, was Ihr wollt!"

Als der Patient so mit ihm reden hörte, ließ er sich sogleich den anderen Morgen die Stiefel salben und machte sich auf den Weg, wie ihm der Doktor befohlen hatte. Den ersten Tag ging es so langsam, dass perfekt eine Schnecke hätte können sein Vorreiter sein, und wer ihn grüßte, dem dankte er nicht, und wo ein Würmlein auf der Erde kroch, das zertrat er. Aber schon am zweiten und am dritten Morgen kam es ihm vor, als wenn die Vögel schon lange nimmer so lieblich gesungen hätten wie heut, und der Tau schien ihm so frisch und die Kornrosen im Felde so rot, und alle Leute, die ihm begegneten, sahen so freundlich aus, und er auch.

Und alle Morgen, wenn er aus der Herberge ausging, war's schöner, und er ging leichter und munterer dahin, und als er am achtzehnten Tage in der Stadt des Arztes ankam und den anderen Morgen aufstand, war es ihm so wohl, dass er sagte: „Ich hätte zu keiner ungeschickteren Zeit können gesund werden, als jetzt, wo ich zum Doktor soll. Wenn's mit doch nur ein wenig in den Ohren brauste, oder das Herzwasser lief' mir."

Als er zum Doktor kam, nahm ihn der Doktor bei der Hand und sagte ihm. „Jetzt erzählt mir denn noch einmal von Grund aus, was Euch fehlt."

Da sagte er: „Herr Doktor, mir fehlt gottlob nichts, und wenn Ihr so gesund seid wie ich, so soll's mich freuen."

Der Doktor sagte: „Das hat Euch ein guter Geist geraten, dass Ihr meinem Rat gefolgt habt. Der Lindwurm ist jetzt abgestanden. Aber Ihr habt noch Eier im Leib, deswegen müsst Ihr wieder zu Fuß heimgehen und daheim fleißig Holz sägen, dass es niemand sieht, und nicht mehr essen, als Euch der Hunger ermahnt, damit die Eier nicht ausschlüpfen, so könnt Ihr ein alter Mann werden", und lächelte dazu.

Aber der reiche Fremdling sagte: „Herr Doktor, Ihr seid ein feiner Kauz, und ich versteh' Euch wohl", und hat nachher dem Rat gefolgt und 87 Jahre, 4 Monate, 10 Tage gelebt, wie ein Fisch im Wasser so gesund, und hat alle Neujahr dem Arzt 20 Dublonen zum Gruß geschickt.

Aufgabe 4: *Nenne kurz nochmals mit eigenen Worten die Einleitungsinformationen zu „Der geheilte Patient".*

Autor: 🖋 _____

Titel: _____

Erscheinungsdatum: _____

Textart: _____

Handlungsergebnis: _____

_____

DIE INHALTSANGABE Freies Schreiben Sekundarstufe – Bestell-Nr. 10898
KOHL VERLAG

4 Herausforderung einer Einleitung

GA

Aufgabe 5: *Überprüft nun die Einleitungen der von euch verfassten Inhalts-angaben. Wie kann man zum Ausdruck bringen, dass man sachlich informiert? Oft ist man geneigt, beim Anfertigen einer Inhaltsangabe Einzelheiten aneinanderzureihen.*

a) Überprüft: Welche dieser Einzelheiten sind für das Ziel wichtig, welche sind entbehrlich? Unterstreicht sie im Text.

b) Überlegt: Nach welchen Gesichtspunkten kann man die Einzel-heiten anordnen? Nummeriert sie gegebenenfalls.

Versucht, den Inhalt eurer Geschichten in einem Satz zusammen-zufassen.

a) Die wilde Jagd: _____

_____

_____

_____

b) Der kleine Königssohn: _____

_____

_____

_____

c) Der Hasenbraten: _____

_____

_____

_____

> Eine Einleitung kommt oft mit einem Satz aus. Auf jeden Fall sind es nur wenige Sätze.

PA

Aufgabe 6: *Nun wendet ihr an, was ihr euch überlegt habt. Formuliert eine Inhaltsangabe zum Text „Der geheilte Patient".*

DIE INHALTSANGABE
Freies Schreiben Sekundarstufe – Bestell-Nr. 10898
KOHL VERLAG

Die Tatsache, dass es sich bei der Inhaltsangabe um einen Text handelt, der aus der „Perspektive des Berichterstatters" verfasst ist, hat Konsequenzen sowohl für das Tempus als auch für die Perspektivik und die Wiedergabe von Gesprochenem. Vielleicht wird man zunächst die Perspektive in einem schematischen Überblick klar machen, um dann die Konsequenzen für die Darstellung ableiten zu können.

Impuls für ein Unterrichtsgespräch:

Wir wollen uns einmal ganz genau vor Augen führen, was da eigentlich passiert, wenn wir jemandem eine Inhaltsangabe liefern. Wir spielen die Zusammenhänge.

Also: Marc schreibt eine Erzählung. In dieser Erzählung streiten sich ein Junge namens Klaus und ein Mädchen Namens Sabine wegen eines Fußballs.

Eva möchte wissen, um was es sich da handelt, was Marc geschrieben hat. Luca will Eva informieren. Spielt die Situation, in der Luca sich befindet.

Hinweis:

An der Tafel wird abstrakt festgehalten:

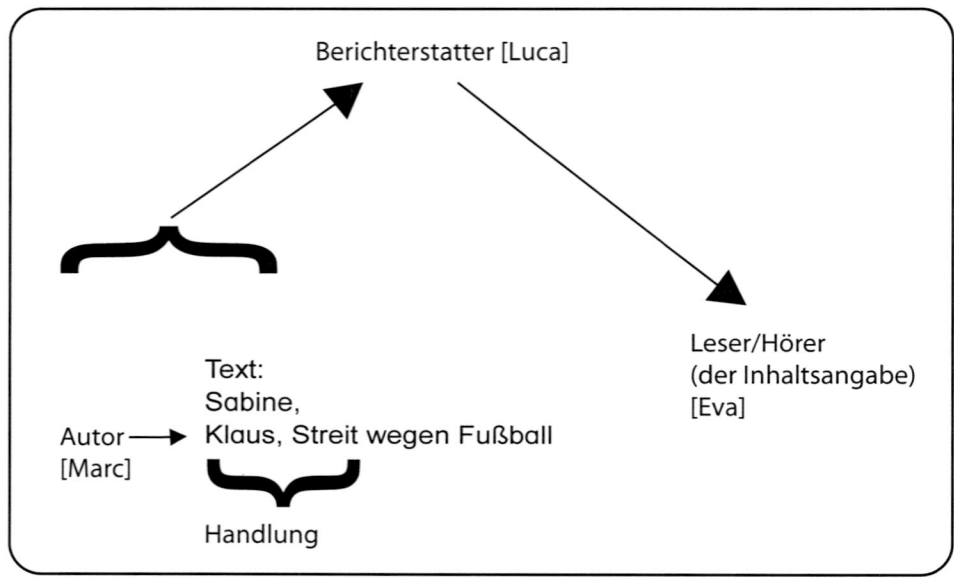

Unter Umständen wird man nun etwas genauer untersuchen:

- Was geschieht in der Inhaltsangabe, wenn in der Geschichte ein Ich-Erzähler das Geschehen vorstellt? (Perspektivenwechsel: Berichterstatter spricht von „er...")
- Was geschieht mit dem „Erzähltempus" Präteritum? (Für den Berichterstatter gibt es nur die Textgegenwart ⇨ Präsens)

Was geschieht, wenn sich im Originaltext zwei unterhalten? Diese Frage wird ausgeweitet zu einem eigenen Teilschritt.

∙∙

<u>Das vierte Kapitel dauert 2 Unterrichtsstunden</u>

Seiten	33-34	1. Unterrichtsstunde
Seiten	35-36	2. Unterrichtsstunde

Diese Einteilung gilt nur als Richtwert, da die tatsächliche Unterrichtszeit von der Individualität Ihrer Schüler und deren eigenem Lerntempo abhängt. Die einzelnen Kopiervorlagen müssen nicht immer vollständig erarbeitet werden, um einen Lernerfolg zu erzielen.

DIE INHALTSANGABE
Freies Schreiben Sekundarstufe   —   Bestell-Nr. 10898
KOHL VERLAG

Aufgabe 1: *Lest den Text mit verteilten Rollen. Achtet darauf,
dass ihr euch auch richtig ins Wort fallt.*

Papa Charly hat gesagt, sein Vater hat gesagt ...

Sohn: Papa, Charly hat gesagt, sein Vater hat gesagt, man hat immer nur Ärger mit den Lehrern. Bist du nicht auch ...

Vater: Bitte, was ist? Ich habe nicht ganz richtig ...

Sohn: ... man hat immer nur Ärger mit den Lehrern. Du bist doch ...

Vater: So etwas solltest du nicht sagen. Du bist dir offensichtlich nicht im Klaren darüber, was du den Lehrern alles verdankst.

Sohn: Aber ich hab das doch gar nicht gesagt, ich sagte doch nur, Charly hat gesagt ...

Vater: Auch dein Freund Charly sollte so etwas nicht.

Sohn: Hat er ja auch nicht. Er hat nur gesagt, sein Vater hat gesagt.

Vater: Also wer denn nun? Einmal sagst du dann, dein Freund Charly und schließlich dessen Vater, der sich besser um seine eigenen Angelegenheiten kümmern würde.

Sohn: Aber du sagst doch immer, man ist verantwortlich für das, was um einen herum passiert.

Vater: So, sag ich? Aber ich meine das anders. Man soll nicht über Dinge reden, von denen man nichts versteht.

Sohn: Charly sagt, sein Vater sagt, er hat drei Kinder in der Schule, und da gibt's jeden Tag irgendwo Stunk.

Vater: Was sind das wieder für Ausdrücke, die du da benutzt!

Sohn: Ich doch nicht! Charly sagt ...

Vater: Dann soll sich dein Freund Charly eine andere Ausdrucksweise angewöhnen ...

Sohn: Aber er doch nicht! Sein Vater sagt doch.

Vater: Also mir wird das jetzt zu viel. Wenn du dir darüber klar geworden bist, wer was sagt oder gesagt hat, dann können wir ja weiterreden ...

(Aus: Rowohlt Verlag, Reinbek bei Hamburg 1979, ISBN: 3499118491)

Aufgabe 2: *Versucht einmal, das Gespräch Charlys mit seinem Freund zu
rekonstruieren. Anschließend könnt ihr in den Lösungen nach-
lesen, welche Möglichkeit es gegeben hätte.*

Sohn: _____

Charly: _____

Sohn: _____

Charly: _____

Sohn: _____

Charly: _____

DIE INHALTSANGABE
Freies Schreiben Sekundarstufe – Bestell-Nr. 10898

KOHL VERLAG

5 Die indirekte Rede

Aufgabe 3: *Woran liegt es, dass der Vater nicht immer genau erkennen kann, was sein Sohn, was dessen Freund Charly und was dessen Vater gesagt haben?*

🖉 _____

_____

PA

Aufgabe 4: *Die Figuren in euren Geschichten sprechen miteinander. Natürlich kann man nicht alle Gespräche in einer Inhaltsangabe wiedergeben. Aber manches ist für die Handlung doch so wichtig, dass man es nicht auslassen kann. Wie habt ihr in euren Inhaltsangaben solche Gespräche wiedergegeben? Wie habt ihr kenntlich gemacht, dass nicht ihr etwas sagt, sondern dass ihr von etwas berichtet, das eine Figur eures Buches gesagt hat?*

_____

_____

PA

Aufgabe 5: *Wie bringt Charly zum Ausdruck, dass er berichtet, was ursprünglich ein anderer (sein Vater nämlich) gesagt hat? Formuliert.*

_____

_____

PA

Aufgabe 6: *Vergleicht die Verbformen und vervollständigt die Liste.*

man hat	→	man habe
es gibt	→	es gebe
er sagt	→	
sie macht	→	
es fliegt	→	
er bellt	→	

DIE INHALTSANGABE
Freies Schreiben Sekundarstufe — Bestell-Nr. 10898

KOHL VERLAG

Indirekte Rede

> Die durch einen anderen wiedergegebene Rede nennt man indirekte Rede.

Aufgabe 7: *Erklärt anhand der Skizze, was ein indirekter Freistoß beim Fußball ist.*

Aufgabe 8: *Könnt ihr jetzt auch die Bezeichnung „indirekte Rede" erklären?*

DIE INHALTSANGABE
Freies Schreiben Sekundarstufe — Bestell-Nr. 10898
KOHL VERLAG

GA

Aufgabe 9: *Sammelt Verbformen, die in der indirekten Rede vorkommen.*

Das Sammeln kann als Spiel durchgeführt werden: Schüler unterhalten sich, ein Dritter informiert einen Vierten Satz für Satz über die Unterhaltung. Der schreibt die Verben auf:

_____

_____

_____

_____

Die Regeln zur indirekten Rede

1. Die indirekte Rede ist die Wiedergabe der wörtlichen Rede durch einen Dritten.
2. Als Zeichen der Übermittlung stehen die gebeugten Verbformen im Konjunktiv I. Ist diese Form nicht vom Indikativ zu unterscheiden, so wird Konjunktiv II verwendet. Ist auch diese Form von anderen nicht zu enterscheiden, so wird mit „würde" + Infinitiv umschrieben.
3. Der Konjunktiv I wird gebildet mit dem Päsens-Stamm + Endung:

   hab-e
   hab-est
   hab-e
   hab-en
   hab-et
   hab-en

4. Der Konjunktiv II wird gebildet vom Präteritum + Endung
   (bei starken Verben: Stammvokal → Umlaut)

   tragen – ich trug (Präteritum) – ich trüge (Umlaut)

Starke Verben	Schwache Verben
trüg-e	mach-t-e
trüg-est	mach-t-est
trüg-e	mach-t-e
trüg-en	mach-t-en
trüg-et	mach-t-et
trüg-en	mach-t-en

DIE INHALTSANGABE
Freies Schreiben Sekundarstufe – Bestell-Nr. 10898

6 Die Stellungnahme

Gelegentlich wird vom Schüler auch eine Stellungnahme, ein Deutungsversuch oder Ähnliches als Abschluss der Inhaltsangabe gefordert. Dies ist nicht ganz korrekt, denn die Inhaltsangabe im strengen Sinn ist nichts anderes als ein Bericht über einen Text. Meinungen, Stellungnahmen, Urteile und Ähnliches stellen subjektive Äußerungen dar und haben in einer um Objektivität bemühten Darstellung nichts verloren.
(Allerdings: Sprachlich ist strikt darauf zu achten, dass die Stellungnahme deutlich getrennt wird vom Bericht!)

Die folgenden Fragen können helfen, die Frage nach dem Sinn zu beantworten:

- Welches sind die Hauptfiguren und ihre möglichen Beweggründe?
- Welche Ziele verfolgen die Hauptfiguren?
- Wie werden sie mit Widerständen fertig?
- Welche Eigenschaften haben sie?
  (Hinweis: Die Eigenschaften müssen nicht benannt sein. Man kann sie unter Umständen auch aus dem Handeln einer Figur erschließen.)
- Wie verhalten sich die Hauptfiguren zueinander?

Zu einer Stellungnahme kann man kommen, wenn man sich überlegt:

- Welche Eigenschaften, Handlungs- und Verhaltensweisen gefallen mir?
- Welche gefallen mir nicht? Warum?
- Wie würde ich mich verhalten?

DIE INHALTSANGABE
Freies Schreiben Sekundarstufe – Bestell-Nr. 10898

KOHL VERLAG

Das fünfte Kapitel dauert 2 Unterrichtsstunden

Seiten 38-39   1. Unterrichtsstunde (+ HA)
Seite   40   2. Unterrichtsstunde

Diese Einteilung gilt nur als Richtwert, da die tatsächliche Unterrichtszeit von der Individualität Ihrer Schüler und deren eigenem Lerntempo abhängt. Die einzelnen Kopiervorlagen müssen nicht immer vollständig erarbeitet werden, um einen Lernerfolg zu erzielen.

Aufgabe 1: *Lies den folgenden Text aufmerksam durch!*

<u>Das Mittagessen im Hof</u>   *Johann Peter Hebel*

Man klagt häufig darüber, wie schwer und unmöglich es sei, mit manchen Menschen auszukommen. Das mag denn freilich auch wahr sein. Indessen sind viele von solchen Menschen nicht schlimm, sondern nur wunderlich, und wenn man sie nur immer recht kennte, inwendig und auswendig, und recht mit ihnen umzugehen wüsste, nie zu eigensinnig und nie zu nachgebend, so wäre mancher wohl und leicht zur Besinnung zu bringen.

Das ist doch einem Bedienten mit seinem Herrn gelungen. Dem konnte er manchmal gar nichts recht machen und musste vieles entgelten, woran er unschuldig war, wie es oft geht. So kam einmal der Herr sehr verdrießlich nach Hause, und setzte sich zum Mitagessen. Da war die Suppe zu heiß oder zu kalt, oder keines von beiden; aber genug, der Herr war verdrießlich. Er fasste daher die Schüssel mit dem, was darinnen war, und warf sie durch das offene Fenster in den Hof hinab. Was tat der Diener? Kurz besonnen warf er das Fleisch, welches er eben auf den Tisch stellen wollte, mir nichts, dir nichts, der Suppe nach auch in den Hof hinab, dann das Brot, dann den Wein und endlich das Tischtuch mit allem, was noch darauf war, auch in den Hof hinab. „Verwegener, was soll das sein?", fragte der Herr und fuhr mit drohendem Zorn von dem Sessel auf. Aber der Bediente erwiderte kalt und ruhig: „Verzeihen Sie mir, wenn ich Ihre Meinung nicht erraten habe. Ich glaubte nicht anders, als sie wollten heute in dem Hof speisen. Die Luft ist so heiter, der Himmel so blau, und sehen Sie nur, wie lieblich der Apfelbaum blüht, und wie fröhlich die Bienen ihren Mittag halten!" – Diesmal die Suppe hinabgeworfen und nimmer! Der Herr erkannte seinen Fehler, heiterte sich im Anblick des schönen Frühlingshimmels auf, lächelte heimlich über den schnellen Einfall seines Aufwärters und dankte ihm im Herzen für die gute Lehre.

(Text aus J. P. Hebel: Werke. Zwei Bände. Hrsg. v. Otto Behagel, Stuttgart 1883-1884. Bd2: Schatzkästlein des rheinischen Hausfreundes 1884)

Aufgabe 2: **a)** *Gliedere den Text.*

b) *Fasse den Inhalt der Abschnitte jeweils in einem Satz zusammen.*

DIE INHALTSANGABE   Freies Schreiben Sekundarstufe   –   Bestell-Nr. 10898

KOHL VERLAG

Aufgabe 3: *Formuliere den Basissatz für die Einleitung zu der Kalendergeschichte.*

_____

_____

_____

_____

Aufgabe 4: *Formuliere die ausführliche Inhaltsangabe.*

_____

_____

_____

_____

_____

_____

_____

_____

_____

_____

Aufgabe 5: **a)** *Überlege und formuliere: Was will der Autor mit seiner Geschichte zum Ausdruck bringen? Was hältst du von dieser Ansicht?*

_____

_____

b) *Formuliere nun deine Stellungnahme.*

_____

_____

_____

_____

DIE INHALTSANGABE
Freies Schreiben Sekundarstufe – Bestell-Nr. 10898
KOHL VERLAG

6 Die Stellungnahme

Aufgabe 6: *Verfasse zu den benannten Texten Stellungnahmen.*

a) Die wilde Jagd: _____

_____

_____

_____

_____

_____

b) Der kleine Königssohn: _____

_____

_____

_____

_____

_____

c) Der Hasenbraten: _____

_____

_____

_____

_____

_____

d) Der geheilte Patient: _____

_____

_____

_____

_____

_____

DIE INHALTSANGABE
Freies Schreiben Sekundarstufe — Bestell-Nr. 10898
KOHL VERLAG

Einübung und Vertiefung

In diesem Schritt soll das Erlernte eingeübt werden. Es empfiehlt sich, nun mit der Eingangsmotivation ernst zu machen und die Schüler über die Textauswahl eines Unterrichtsabschnitts abstimmen zu lassen. Voraussetzung einer solchen Abstimmung ist eine sachliche Information über die in Frage kommenden Texte. (Es können jetzt sehr wohl auch Texte gewählt werden, die eben nicht im Lesebuch vorkommen (Kurzgeschichten-Auswahl...) Vielleicht wird man als Orientierung nochmals wiederholen,

- was alles in die Inhaltsangabe gehört und
- wie sich die Darstellung ordnen lässt.

Die Erarbeitung des folgenden Gliederungsschemas hat sich als sinnvoll erwiesen:

Gliederungsschema für eine Inhaltsangabe:

Einleitung: Orientierung, Vorschau

1. Verfasser, Thema, Textart
2. Orientierung über Ort, Zeit, Umstände und Personen der Handlung

Hauptteil: Handlungsablauf

1. Ausgangssituation
2. Handlungsschritte
3. Handlungsergebnis

} jeweils einbauen: Beteiligung, Gründe und Ziele der handelnden Personen

Schluss: Die Inhaltsangabe kann erweitert werden durch eine Zusammenfassung und persönliche Stellungnahme

1. Sinn des Textes, Aussageabsicht
2. Beurteilung: Persönliche Stellungnahme und Begründung

Zunächst sollten die Texte des eingeführten Lesebuchs genutzt werden. Dann aber sind unter vielen anderen (und je nach Altersstufe) möglich:

Titel	Autor	Textart	Umfang
Fenstertheater	Ilse Aichinger	Kurzgeschichte	1½ Seiten
Das Trockendock	Stefan Andres	KG	2½ Seiten
Die Probe	Herbert Malecha	Erzählung	3½ Seiten
Clown, Maurer oder Dichter	Reiner Kunze	Erzählung	1 Seite
Fünfzehn	Reiner Kunze	Erzählung	1 Seite
Der Andorranische Jude	Max Frisch	Erzählung	2 Seiten

Sollten Sie alle diese Texte zur Verfügung stellen, finden Sie auf der nächsten Seite ein „Entscheidungsblatt" für die Schüler.

....

<u>Das sechste Kapitel dauert 4 Unterrichtsstunden</u>

Seiten 42-44   1. Unterrichtsstunde
Seiten 45-48   2.-4. Unterrichtsstunde

Diese Einteilung gilt nur als Richtwert, da die tatsächliche Unterrichtszeit von der Individualität Ihrer Schüler und deren eigenem Lerntempo abhängt. Die einzelnen Kopiervorlagen müssen nicht immer vollständig erarbeitet werden, um einen Lernerfolg zu erzielen.

DIE INHALTSANGABE
Freies Schreiben Sekundarstufe – Bestell-Nr. 10898
KOHL VERLAG

Aufgaben: a) *Lies alle vorliegenden Texte aufmerksam durch.*

b) *Formuliere für jeden Text einen knappen Basissatz.*

• _____

_____

• _____

_____

• _____

_____

• _____

_____

• _____

_____

• _____

_____

c) *Für welchen Text schreibst du eine Inhaltsangabe?*

_____

_____

d) *Begründe, warum du dich entschieden hast, für diesen Text eine Inhaltsangabe zu verfassen.*

_____

_____

_____

_____

DIE INHALTSANGABE
Freies Schreiben Sekundarstufe   –   Bestell-Nr. 10898
KOHL VERLAG

Kontrollblatt zum Erstellen einer Inhaltsangabe

Vorarbeit

☐ Gliedern in Sinnabschnitte, eventuell Inhalt in einem Satz zusammenfassen.

☐ Den jeweiligen Grund einer Handlung begreifen und die Folge daraus erfassen.

☐ Die Kernaussage in Stichworten aufschreiben.

Aufbau

☐ Einleitung mit Basisinformation
(Verfasser, Titel, Textart, Orientierung über Ort und Zeit, Hauptpersonen und Kernaussage des Textes)

☐ Hauptteil mit chronologischem Handlungsablauf
(alles der Reihe nach; aus welchem Grund mit welchen Folgen geschieht etwas; knapp zentrale Informationen wiedergeben, nur wichtige Charakter-eigenschaften der Hauptpersonen darstellen ...)

☐ Schluss als persönliche Stellungnahme.
(Nur wenn gefordert! Was ist die Absicht des Textes? Was will der Text sagen? Wieso ist der Text toll oder verblüffend?)

Form der Darstellung

☐ Sachliche Informationen, keine Spannung

☐ Direkte Rede wird indirekte Rede

☐ Erklärende Satzverbindungen (da, weil, deshalb ...), keine erzählende (da, plötzlich ...)

☐ Erzählzeit Präsens

☐ Keine Bewertung, nur der Schluss kann eine persönliche Stellungnahme sein.

DIE INHALTSANGABE
Freies Schreiben Sekundarstufe – Bestell-Nr. 10898

KOHL VERLAG

Aufgabe 1: *Schneide die einzelnen Punkte unten aus und klebe sie in die entsprechende Spalte der Tabelle.*

Vorarbeit	Einleitung	Hauptteil	Schluss

 ✂ –

Text gliedern

Textart und Personen

Basissatz erstellen

Infos als Basissatz

Abschnitte zusammen-fassen

Ziel/Ergebnis benennen

Personen nennen mit Wer?, Wo?, Wann? und Warum?

Handlungs-verlauf chronologisch aufzählen

Autor und Titel

eigene Meinung

Schlussdeu-tung/Zweck des Textes

DIE INHALTSANGABE
Freies Schreiben Sekundarstufe — Bestell-Nr. 10898

Aufgabe 2: *Lies das folgende Märchen von Ludwig Bechstein aufmerksam.*

Der Richter und der Teufel
von Ludwig Bechstein

In einer Stadt saß ein Mann, der hatte alle Kisten voll Geld und Gut. Er selbst aber war voller Laster. So schlimm war er, dass es die Leute wunderte, dass ihn die Erde nicht verschlang. Dieser Mann war noch dazu ein Richter, das heißt ein Richter, der voll Ungerechtigkeit war.

5 An einem Markttage ritt er des Morgens aus, um seinen schönen Weingarten zu sehen. Da trat der Teufel auf dem Heimweg ihm gegenüber, in reichen Kleidern und wie ein vornehmer Herr gestaltet. Da der Richter nicht wusste, wer dieser Fremdling war, und es doch gern wissen mochte, so fragte er ihn nicht gerade höflich, wer und von wo er sei. Der Teufel antwortete: „Euch ist besser, wenn Ihr's nicht wisset, wer und woher
10 ich bin!"

„Hoho!", fuhr der Richter heraus, „seid wer Ihr wollt, ich will es wissen, oder Ihr seid verloren, denn ich bin der Mann, der hier Gewalt hat, und wenn ich Euch dies und das zu Leide tue, so gibt es niemand, der es mir wehren wird und kann. Ich nehm Euch Leib und Gut, wenn Ihr mir nicht auf meine Frage Auskunft gebt!"

15 „Steht es so schlimm", antwortete der Böse, „so muss ich Euch wohl meinen Namen und mein Kommen offenbaren; ich bin der Teufel."

„Hm!", brummte der Richter, „und was willst du hier, das will ich auch wissen?"

„Schau, Herr Richter", antwortete der Böse, „mir ist die Macht gegeben, heute in diese Stadt zu gehen und das zu nehmen, was mir in vollem Ernst gegeben wird."

20 „Wohlan!", versetzte der Richter, „tue also deine Arbeit, aber lass mich Zeuge sein, dass ich sehe, was man dir geben wird!"

„Fordere nicht, dabei zu sein, wenn ich nehme, was mir beschieden wird", widersprach und riet der Teufel dem Richter. Dieser aber fing an, den Fürsten der Hölle mit mächtigen Bannworten zu beschwören, und sprach: „Ich gebiete und befehle dir bei Gott
25 und allen Gottes Geboten, bei Gottes Gewalt und Gottes Zorn, und bei allem, was dich und deine Genossen bindet, und bei dem ewigen Gerichte Gottes, dass du vor meinem Angesicht, und anders nicht, nimmst, was man dir geben wird."

Der Teufel erschrak, dass er zitterte bei diesen fürchterlichen Worten, und machte ein ganz verdrießliches Gesicht und sprach auch: „Ei, so wollte ich, dass ich das Leben
30 nicht hätte! Du bindest mich mit einem so starken Band, dass ich kaum jemals in größerer Klemme war. Ich gebe dir aber mein Wort als Fürst der Hölle, das ich als solcher niemals breche, dass es dir nicht zum Frommen dient, wenn du auf deinem Sinn bestehst. Stehe ab davon!"

„Nein, ich stehe nicht ab davon!", rief der Richter. „Was mir auch darum geschehe, das
35 muss ich über mich ergehen lassen. Ich will jenes nun einmal sehen! Und sollt es mir an das Leben gehen!"

DIE INHALTSANGABE
Freies Schreiben Sekundarstufe – Bestell-Nr. 10898
KOHL VERLAG

Nun gingen beide, der Richter und der Teufel, miteinander auf den Marktplatz, wo gerade Markttag war und deshalb viel Volk versammelt war. Überall bot man dem Richter und seinem Begleiter, von dem niemand wusste, wer er sei, volle Becher an. Der Rich-

40 ter nahm das auch nach seiner Gewohnheit und reichte auch dem Teufel eine Kanne, dieser aber nahm den Trunk nicht an, weil er wohl wusste, dass es des Richters Ernst nicht war.

Nun geschah es, dass eine Frau ein Schwein daher trieb, welches nicht nach ihrem Willen lief, sondern Kreuz und Quer, da schrie die zornige Frau im höchsten Ärger dem

45 Schwein zu: „Ei, geh zum Teufel, dass dich der mit Haut und Haar hole!"

„Hörst du, Geselle?", rief der Richter dem Teufel zu. „Jetzt greife zu und nehme das Schwein." Aber der Teufel antwortete: „Es ist leider der Frau nicht Ernst mit ihrem Wort. Sie würde ein ganzes Jahr lang trauern und sich grämen, nähme ich ihr das Schwein. Nur was mir im Ernste gegeben wird, das darf ich nehmen."

50 Ähnliches geschah bald danach mit einer Frau und einem Rind. Das letztere ging auch nicht so, wie die Frau es lenken wollte, so dass sie auch zu schreien begann: „Hol dich der Teufel und drehe dir den Hals um!"

„Hörst du, Geselle?", fragte da wieder der Richter. „Das Rind ist dein, hörst du nicht, dass man es dir ernstlich gibt?"

55 „O nein, es ist auch nicht ihr Ernst!", antwortete der Teufel. „Sie würde bitterlich wehklagen, nähme ich sie beim Wort."

Jetzt sahen beide eine Frau, die hatte viel mit einem Kind zu schaffen, welches heftig schrie und sich sehr unartig gebärdete, sodass die Frau voll Unwillen war und ausrief: „Willst du mir nicht folgen, so soll dich das Böse nehmen!"

60 „Nun, nimmst du auch nicht dieses Kind?", fragte der Richter ganz verwundert, und der Teufel antwortete: „Ich habe keine Macht, das Kindlein zu nehmen. Diese Frau nähme nicht zehn, nicht hundert und nicht tausend Pfund und gönnte mir im Ernst das Kind. Wie gern ich's auch nähme, darf ich es doch nicht, denn es ist der Frau nicht Ernst."

Nun kamen die beiden mitten auf den Markt, wo das dichteste Volksgedränge war. Da

65 mussten sie ein wenig still stehen und konnten nicht durch das Gewimmel und Getümmel schreiten. Da wurde eine Frau des Richters ansichtig, die war arm und alt und krank und trug ein großes Unglück mit sich. Sie begann laut zu weinen und zu schreien und ließ vor allem Volk folgende heftige Rede vernehmen: „Weh über dich, Richter! Weh über dich, dass du so reich bist und ich so arm bin. Du hast mir ohne Schuld, gött-

70 liche und menschliche Barmherzigkeit verleugnend, meine einzige Kuh genommen, die mich ernährte, von der ich meinen ganzen Unterhalt hatte. Weh über dich, der du es mir genommen hast! Ich flehe und schreie zu Gott, dass er durch seinen Tod und bitteres Leiden, die er für die Menschheit und für uns arme Sünder trug, meine Bitte gewähre, und die ist, dass deinen Leib und deine Seele der Teufel zur Hölle führe!"

74 Auf diese Rede tat der Richter weder Sage noch Frage, aber der Teufel fuhr ihn höhnisch an und sprach: „Siehst du, Richter, das ist Ernst, und den sollst du gleich erfahren!" Damit streckte der Teufel seine Krallen aus, nahm den Richter beim Schopf und fuhr mit ihm durch die Lüfte davon. Alles Volk erschrak und staunte, und weise Männer sprachen die Lehre aus:

80 „Es ist ein Rat: Der mit dem Teufel umgeht. Wer gern mit ihm umfährt, dem wird ein böser Lohn beschert."

Die Inhaltsangabe
Praxis Deutsch Sekundarstufe · Bestell-Nr. 40 898
www.kohlverlag.de
KOHL VERLAG
Der Verlag mit dem Baum

Aufgabe 3:
- *Teile das Märchen in die wichtigsten Abschnitte ein. Markiere im Text.*
- *Schreibe dir zu jedem Abschnitt, das heißt also, zu jedem einzelnen Handlungsschritt, einen kurzen Inhaltssatz auf.*

_____

_____

_____

_____

_____

_____

_____

_____

_____

_____

_____

_____

_____

_____

_____

_____

Aufgabe 4: *Formuliere den Basissatz für eine Inhaltsangabe des Märchens. Denke daran, die wichtigsten Informationen unterzubringen. (Autor, Textart, Titel, kurzer Inhalt, Folge ...)*

_____

_____

_____

DIE INHALTSANGABE
Freies Schreiben Sekundarstufe – Bestell-Nr. 10898

KOHL VERLAG

Aufgabe 5: *Formuliere nun deine Inhaltsangabe.*

Beachte dabei diese Hilfestellungen:

- Beschreibe sachlich die Begegnung Richter - Teufel.
  Wie reagieren beide?

- Erzähle die erste Begegnung ausführlicher, bei der der Teufel
  sich weigert, das nicht ernst Angebotene anzunehmen. Die
  anderen Begegnungen können wegfallen oder nur kurz ange-
  sprochen werden.

- Gib sachlich wieder, warum die Frau den Richter anklagt.
  Welche Folgen hat das?

- Benenne die Moral.

- Keine wörtliche Rede, Präsens, Sachlichkeit ...

Aufgabe 6: *Formuliere eine Stellungnahme zum Märchen.*

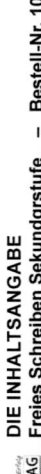

Bestell-Nr. 10898

DIE INHALTSANGABE
Freies Schreiben Sekundarstufe

KOHL VERLAG

Aufgabe 1:   **a)** *Lies den folgenden Text aufmerksam durch.*

Ist der Mensch ein wunderliches Geschöpf

Einem König von Frankreich wurde durch seinen Kammerdiener der Namen eines Mannes genannt, der das 75. Jahr zurückgelegt habe und noch nie aus Paris herausgekommen sei. Er wisse noch auf diese Stunde nicht anderst als vom Hörensagen, was eine Land-straße sei oder ein Ackerfeld oder der Frühling. Man könnte ihm weismachen, die Welt sei
5   schon vor zwanzig Jahren untergegangen. Er müsse es glauben.

Der König fragte, ob denn der Mann kränklich oder gebrechlich sei. „Nein", sagte der Kam-merdiener, „er ist so gesund wie der Fisch im Wasser." Oder ob er trübsinnig sei. „Nein, es ist ihm so wohl wie dem Vogel im Hanfsamen." Oder ob er durch seiner Hände Arbeit eine zahlreiche Familie zu ernähren habe. „Nein, er ist ein wohlhabender Mann. Er mag eben
10   nicht. Es nimmt ihn nicht wunder."

Des verwunderte sich der König und wünschte diesen Menschen zu sehen. Der Wunsch eines Königs von Frankreich ist bald erfüllt, zwar auch nicht jeder, aber dieser, und der Kö-nig redete mit dem Menschen von allerlei, ob er schon lange gesund und wohlauf sei. „Ja, Sire", erwiderte er, „allbereits 75 Jahre." Ob er in Paris geboren sei. „Ja, Sire! Es müsste
15   kurios zugegangen sein, wie ich anderst hineingekommen wäre, denn ich bin noch nie draußen gewesen." - „Das soll mich doch Wunder nehmen", erwiderte der König. „Denn eben deswegen hab' ich Euch rufen lassen. Ich höre, dass Ihr allerlei verdächtige Gänge macht, bald zu diesem Tor hinaus, bald zu jenem. Wisst Ihr, dass man schon lange auf Euch Achtung gibt?"

20   Der Mann war über den Vorwurf sehr erstaunt, er wollte sich entschuldigen. Das müsse ein anderer sein, der seinen Namen führe, oder so. Aber der König fiel ihm ins Wort: „Kein Wort mehr! Ich hoffe, Ihr werdet in Zukunft nicht mehr aus der Stadt gehen ohne meine ausdrückliche Erlaubnis."

Ein rechter Pariser, wenn ihm der König etwas befiehlt, denkt nicht lange, ob es notwendig
25   sei und ob es nicht auch anderst ebensogut sein könnte, sondern er tut's. Der Unsrige war ein rechter, obgleich, als auf seinem Heimweg die Postkutsche vor ihm vorbeifuhr, dachte er: „O, ihr Glücklichen da drinnen, dass ihr aus Paris hinausdürft!" Als er nach Hause kam, las er die Zeitung wie alle Tage. Aber diesmal fand er nicht viel drin. Er schaute zum Fen-ster hinaus, das war auf einmal so langweilig. Er las in einem Buch, das war auf einmal so
30   einfältig. Er ging spazieren, er ging in die Komödie, in das Wirtshaus, das war so alltäglich.

So das erste Vierteljahr lang, so das zweite, und mehr als einmal im Gasthaus sagte er zu seinen Nachbarn: „Freunde, es ist ein hartes Wort, fünfundsiebenzig Jahre kontinuierlich in Paris gelebt zu haben und jetzt erst nicht hinauszudürfen."

Endlich im dritten Vierteljahr konnte er's nimmer aushalten, er meldete sich einen Tag um
35   den andern wegen der Erlaubnis: Das Wetter sei so hübsch, oder es sei heut' ein schöner Regentag. Er wolle sich gern auf seine Kosten von einem vertrauten Mann begleiten las-sen, wenn's sein müsse, auch von zweien. Aber vergebens.

Nach Verlauf aber eines schmerzlich durchlebten Jahrs, gerade am nämlichen Tage, als er abends nach Hause kam, fragt er mit bösem Gesicht die Frau: „Was ist das für
40   ein neues Kaleschlein im Hof? Wer will mich zum besten haben?" „Herzensschatz",

DIE INHALTSANGABE
Freies Schreiben Sekundarstufe   –   Bestell-Nr. 10898

KOHL VERLAG

antwortete die Frau, „ich habe dich überall suchen lassen. Der König schenkt dir das Kaleschlein und die Erlaubnis, darin spazieren zu fahren, wohin du willst."

„Ma foi!" erwiderte der Mann mit besänftigter Miene, „der König ist gerecht." - „Aber nicht
45 wahr", fuhr die Gattin fort, „morgen fahren wir spazieren aufs Land?" - „Ei nun", erwiderte
der Mann kalt und ruhig, „wir wollen sehn. Wenn's auch morgen nicht ist, so kann's ein an-
der Mal sein, und am Ende, was tun wir draußen? Paris ist doch am schönsten inwendig."

Johann Peter Hebel

b) *Gliedere den Text nach dem folgenden Schema. Gib die jeweiligen
Zeilen und Stichworte zum jeweiligen Inhalt an.*

I. Die Vorgeschichte   Zeile ____ bis _____

     Abschnittsteil a)   Zeile ____ bis _____

_____

     Abschnittsteil b)   Zeile ____ bis _____

_____

     Abschnittsteil c)   Zeile ____ bis _____

_____

II. Der Hauptteil   Zeile ____ bis _____

     Abschnittsteil a)   Zeile ____ bis _____

_____

     Abschnittsteil b)   Zeile ____ bis _____

_____

     Abschnittsteil c)   Zeile ____ bis _____

_____

III. Der Schlussteil   Zeile ____ bis _____

     Abschnittsteil a)   Zeile ____ bis _____

_____

     Abschnittsteil b)   Zeile ____ bis _____

_____

DIE INHALTSANGABE
Freies Schreiben Sekundarstufe – Bestell-Nr. 10898

KOHL VERLAG

c) *Fasse den Inhalt der einzelnen Abschnitte zusammen.*

_____

_____

_____

_____

_____

_____

_____

_____

_____

_____

_____

_____

_____

_____

_____

_____

Aufgabe 2: **a)** *Formuliere die Inhaltsangabe. Fasse in einem ersten Teil die Basisinformationen zur Kalendergeschichte zusammen.*

_____

_____

_____

_____

_____

DIE INHALTSANGABE
Freies Schreiben Sekundarstufe – Bestell-Nr. 10898

KOHL VERLAG

b) *Formuliere nun die ausführliche Inhaltsangabe, also den Hauptteil.*

_____

_____

_____

_____

_____

_____

_____

_____

_____

_____

_____

_____

_____

_____

c) *Formuliere eine kurze Stellungnahme zu dem Grundgedanken, den J. P. Hebel in der Geschichte äußert.*

_____

_____

_____

_____

_____

_____

DIE INHALTSANGABE
Freies Schreiben Sekundarstufe — Bestell-Nr. 10898

Bewertungsbogen für eine Inhaltsangabe

Vorarbeit	volle Punktzahl (50 Punkte)	erreichte Punktzahl
Sinnabschnitte gliedern	3	
Sinnabschnitte zusammenfassen	2	
Handlung erfassen, Grund ⇨ Folge daraus	2	
Kernaussage in Stichworten	3	

Aufbau und Ablauf		
Einleitung mit Basisinformationen (Verfasser, Titel, Textart, Ort, Zeit, Personen, Kernaussage)	8	
Hauptteil chronologischer Ablauf (Grund ⇨ Folge; wichtigste Informationen)	10	
Schluss mit persönlicher Stellungnahme (Absicht des Textes, eigene Meinung dazu)	6	

Darstellung		
Sachliche Darstellung (kein Spannungsaufbau)	4	
Indirekte Rede	2	
Knappe Darstellung	3	
Erzählzeit	3	
Sprache	4	

Gesamtpunkte:	50	

DIE INHALTSANGABE
Freies Schreiben Sekundarstufe — Bestell-Nr. 10898
KOHL VERLAG

10 Die Lösungen

1 **Aufgabe 2:** Mögliche Lösungen/Anregungen:

Die Inhaltsangabe zum Film „Ein Quantum Trost" ist viel ausführlicher als die Inhaltsangabe zu Gottfried Kellers „Kleider machen Leute".

Im vorliegenden Text zu „Ein Quantum Trost" erfährt man den Namen des Hauptdarstellers und der Nebendarsteller. Es werden die wechselseitigen Beziehungen kurz erwähnt und der Handlungsablauf in groben Zügen der Reihe nach erläutert. Durch den groß dargestellten Ablauf fühlt man sich informiert.

Die Inhaltsangabe zu Gottfried Kellers „Kleider machen Leute" vermittelt nur die wichtigsten Informationen. Man erfährt nur von der Hauptpersonen, von der man nicht einmal den Namen weiß. Man weiß zwar, worum es im Buch geht, allerdings sind die Informationen so knapp gehalten, dass man keine Handlung nachvollziehen kann und man sich nur oberflächlich informiert fühlt.

Aufgabe 3: Mögliche Lösungen:

In der Inhaltsangabe zu Gottfried Kellers „Kleider machen Leute" ist die Sprache sachlich gehalten und die Informationen gerade so ausreichend, dass man weiß, um was es in der Novelle geht. Die einzelnen wichtigen Handlungsschritte sind allerdings nicht nachvollziehbar, da sie in der knappen Inhaltsangabe nicht erzählt werden.

Aufgabe 4: Individuelle Lösungen!

2 **Aufgabe 1:** b) Um welche Art von Geschichte handelt es sich? ⇨ Textart (Erzählung, Bericht)
Wer hat sie geschrieben? ⇨ Autor
Um was geht es? ⇨ Titel/Thema
Wer ist beteiligt? ⇨ Figuren der Geschichte
Was geschieht? ⇨ Handlungsablauf
Wo und wann spielt die Geschichte? ⇨ Orientierung über Ort und Zeit
Wie läuft die Handlung genauer ab? ... gehandelt? Motive, Gründe, Ziele

Aufgabe 2: Individuelle Lösungen!

Aufgabe 3: Individuelle Lösungen!

Aufgabe 5: b) • Sie will den vorgegebenen Text lebendig werden lassen.
• Der Zuhörer wird in das Geschehen hineinversetzt.
• Die Darstellung des zentralen Inhalts muss sachlich-knapp werden, Spannung sollte vermieden werden und der Schwerpunkt sollte auf der Information über den Text und das im Text vorgestellte Geschehen gelegt werden.

Aufgabe 6: Individuelle Lösungen!

Aufgabe 7: Man kann sich eine Tabelle mit W-Fragen anlegen und versuchen, die wichtigste Aussage der Geschichte in einen „Basissatz" zu formulieren. Zu viele Details sind für eine Inhaltsangabe unwesentlich. (Der Hilfe-Kasten auf Seite 16 unten gibt Hinweise.)

Aufgabe 8: Individuelle Lösungen!

Aufgabe 9: b) <u>1. Abschnitt (Zeilen 1-12)</u>: Ein König, dessen Sohn fast ein Zwerg war, musste sich nach einem Nachfolger umsehen, da ein Zwerg nicht König werden konnte.
<u>2. Abschnitt (Zeilen 13-20)</u>: Mini, der kleine Königssohn, war froh, dass er nun auch mit den anderen Kindern spielen konnte.
<u>3. Abschnitt (Zeilen 21-29)</u>: Er war hilfsbereit, sodass er von den anderen Kindern bald geliebt wurde.
<u>4. Abschnitt (Zeilen 36-44)</u>: Als der König starb, wurde dem Volk sein Neffe als neuer König präsentiert, aber die Menge entdeckte Mini und rief im Sprechchor nach ihm.
<u>5. Abschnitt (Zeilen 45-50)</u>: Mini wurde durch die Stimme des Volkes König, ohne besonders darauf vorbereitet worden zu sein.
c) Obwohl der Königssohn winzig war und nicht als König ausgebildet worden war, wurde er vom Volk als König gewollt.
d) Individuelle Lösungen!

DIE INHALTSANGABE Freies Schreiben Sekundarstufe – Bestell-Nr. 10898

 KOHL VERLAG

3

Aufgabe 2: Individuelle Lösungen!

Aufgabe 3: **b)**

Nacherzählung	Inhaltsangabe
Es wird der Reihe nach erzählt. Das Ende folgt erst am Schluss.	Der erste Satz sagt, um was es geht und nimmt das Ende schon vorweg.
Spannung	sachliche Sprache
Auch indirekte Rede mit Spannung und Erläuterung.	Die direkte Rede wird zur indirekten formuliert.

Aufgabe 4:
a) Der Mann behauptet, die Suppe sei ungenießbar (unsachlich: meckert)
b) Die Frau wirft ihrem Mann vor, er sei ein Nörgler. Sie schlägt ihm vor, zum Essen ins Wirtshaus zu gehen ... (unsachlich: wenn es ihm nicht passe ...)
c) Die Frau beschimpft ihren Mann als Streithammel, bevor sie einen brenzligen Geruch wahrnimmt, der aus der Küche kommt und darauf hinweist, dass der Hasenbraten verbrannt ist. (unsachlich: erbost, komisch)

Aufgabe 5:
a) Wickie sieht, dass der Wolf immer näher kommt und überlegt sich, was zu tun sei.
b) Obwohl Wickie läuft, so schnell er kann, kommt der Wolf immer näher. Wickie aber stoppt hinter einem Busch und stellt dem Wolf ein Bein. Während dieser auf die Nase fällt, gewinnt Wickie wieder einen gewissen Vorsprung.
c) In lauten Sprechchören fordert die Menschenmenge Mini als König.
d) Der König weiß, dass der Kleine nicht König werden kann, da er nicht stattlich genug ist.
e) Mini wird von allen gleich vermisst, wenn er einmal nicht da ist.

4

Aufgabe 1:

Text 1	Text 2
reicher Amsterdamer	reicher, gelangweilter Amsterdamer
aß viel	verbrachte den Tag mit Essen
bis er sich krank fühlte	ohne Arbeit oder Bewegung
Fußmarsch zum Arzt	fühlte sich krank
in eine entfernte Stadt	suchte viele Ärzte auf
heilt ihn	konnten nicht helfen
	verschrieben eimerweise Medizin
	ein Arzt schreibt ihm aus einer 18 Tage Fußmarsch entfernten Stadt
	der Lindwurm muss geheilt werden
	durch Fußmarsch und Diät wird er geheilt

Aufgabe 2: Der Text ist kürzer und vermittelt doch alle wichtigen Informationen.

Aufgabe 4:
Autor: Johann Peter Hebel
Titel: Der geheilte Patient
Erscheinungsdatum: ungefähr 1810 (wird nicht genau angegeben)
Textart: Kurzgeschichte/Kalendergeschichte
Handlungsergebnis: Ein reicher Amsterdamer, der zu viel aß, wurde durch einen Fußmarsch zu einem Arzt in eine entfernte Stadt geheilt.

Aufgabe 5:
a) Runer Jonsson erzählt eine Geschichte von Wickie, dem Sohn des Wikingerhäuptlings von Flake. Wickie wird von einem besonders hungrigen Wolf verfolgt und versucht verschiedene Tricks, um den Verfolger abzuschütteln, doch es gelingt ihm nicht so ganz. Mit letzter Kraft erreicht der kleine Wickie seinen Kletterbaum und kann sich in Sicherheit bringen. Schließlich gelingt es ihm doch, durch geschickte Steinwürfe den Wolf unschädlich zu machen.

DIE INHALTSANGABE
Freies Schreiben Sekundarstufe – Bestell-Nr. 10898

KOHL VERLAG

b) Ein uns unbekannter Autor erzählt das Märchen von dem Königssohn Mini, der als Zwerg durch die Stimme des Volkes doch noch zum König ernannt wurde.
Ein König, dessen Sohn Mini fast ein Zwerg war, musst sich nach einem Nachfolger umsehen, da ein Zwerg nicht König werden konnte. Der kleine Königssohn Mini war froh, dass er nun unbeschwert mit den anderen Kindern spielen konnte. Er war hilfsbereit, sodass er von den anderen Kindern bald geliebt wurde. Als der König starb, wurde dem Volk sein Neffe als neuer König präsentiert. Die Menge aber entdeckte Mini und rief im Sprechchor nach ihm. Mini wurde durch die Stimme des Volkes König, ohne darauf besonders vorbereitet worden zu sein.

c) In dem Dialog „Der Hasenbraten" stellt Karl Valentin einen Streit zwischen Eheleuten dar, dessen Anlass eine zu heiße Suppe und dessen Folge ein verkohlter Hasenbraten sind. Während sich der Ehemann darauf versteift, die aufgetragene Suppe sei zu heiß und damit ungenießbar, versucht die Frau immer wieder zu erklären, dass kochende Suppen eben heiß seien. Der Mann verrennt sich in seine Ansicht und geht auf die Argumente der Frau nicht mehr ein. Vor lauter Streiten merken sie nicht, dass inzwischen der Braten im Herd verkohlt.

Aufgabe 6: Individuelle Lösungen!

5

Aufgabe 2: <u>Mögliche Lösung:</u>
Sohn: Ach, diese Lehrer!
Charly: Mein Vater sagt, mit den Lehrern habe man immer nur Ärger.
Sohn: Ja, dein Vater hat gut reden. Woher will er das aber wissen?
Charly: Mein Vater sagt, er habe drei Kinder in der Schule, und da gebe es jeden Tag irgendwo Stunk.
Charly: Da möchte ich mal hören, was mein Vater dazu sagt!

Aufgabe 3: Der Vater lässt den Sohn nicht ausreden, was die Verständigung erschwert. Der Sohn reiht die Sprecher aneinander.

Aufgabe 4: Durch die indirekte Rede werden Gespräche wiedergegeben.

Aufgabe 5: Er verwendet die indirekte Rede: ... mit den Lehrern <u>habe</u> man nur Ärger, ...er <u>habe</u> drei Kinder, ...da <u>gebe</u> es dauernd...

Aufgabe 6: er sagt - er sage
sie macht - sie mache
es fliegt - es fliege
er bellt - er belle

Aufgabe 7: Beim „indirekten Freistoß" muss der Ball, ehe er aufs Tor geschossen werden darf, vorher noch neben dem ausführenden Schützen von einem anderen Mitspieler berührt werden.

Aufgabe 8: Bei der „indirekten Rede" trifft das gesprochene Wort nicht „direkt" auf den Hörer, sondern es wird von einem Dritten übermittelt.

Aufgabe 9: Die gesammelten Formen werden untersucht. Dabei stellt sich heraus: Grundsätzlich wird eine ganz bestimmte Form verwendet: Diese Form nennt man Konjunktiv I. Sie wird gebildet aus dem Stamm des Indikativ Präsens: hab - en / hab - e. Manchmal taucht aber auch eine andere Konjunktiv-Form auf – Konjunktiv II. Sie wird verwendet, wenn sich der Konjunktiv I nicht vom Indikativ unterscheidet. Der Konjunktiv ist Zeichen dafür, dass der Sprecher etwas wiedergibt, was ursprünglich ein anderer gesagt hat.

6

Aufgabe 2: **a)** Der Text ist deutlich in zwei große Abschnitte gegliedert Der erste Großabschnitt stellt das allgemeine Problem dar und stellt eine Behauptung auf, während der zweite Abschnitt den Beweis erbringt, indem er eine Beispielgeschichte vorstellt. Die beiden Abschnitte lassen sich untergliedern:
<u>Erster Großabschnitt:</u>
1. Häufige Klage
2. Optimistische Gegenbehauptung
3. Bedingungen, die eine Lösung ermöglichen.

DIE INHALTSANGABE
Freies Schreiben Sekundarstufe — Bestell-Nr. 10898
KOHL VERLAG

Zweiter Großabschnitt:
1. Der Herr; dem man nichts recht machen kann
2. Die konkrete Situation: Die Suppe sagt nicht zu
3. Die Suppe wird in den Hof geworfen
4. Der Diener reagiert und wirft den Rest hinterher.
5. Der Zorn des Herrn und die Antwort des Dieners
6. Rückkehr in den allgemeineren Rahmen der Beispielgeschichte: Der Herr erkennt seinen Fehler.

Aufgabe 3: In der Kalendergeschichte „Das Mittagessen im Hof" vertritt Johann Peter Hebel die Meinung, viele Menschen seien nicht eigentlich schlimm und man könne sie zur Besinnung bringen, wem man mit ihnen richtig umgehen würde. Anhand einer kleinen Beispielgeschichte dokumentiert er diese Meinung.

Aufgabe 4: In der Kalendergeschichte „Das Mittagessen im Hof" vertritt Johann Peter Hebel die Meinung, viele Menschen seien nicht eigentlich schlimm und man könne sie zur Besinnung bringen, wem man mit ihnen richtig umgehen würde. Anhand einer kleinen Beispielgeschichte dokumentiert er diese Meinung.
In der Geschichte erteilt ein Diener seinem etwas jähzornig nörgelnden Herrn eine Lehre,

indem

er, als der wieder einmal mit der Suppe nicht zufrieden ist und diese in den Hof wirft, den Rest des Essens samt Tischtuch und Gedeck hinterher wirft. Als der Herr ihn zur Rechenschaft ziehen will, begründet er sein Handeln damit, dass er davon ausgegangen sei, sein Herr wolle im Hof speisen. Die schnelle Reaktion des Dieners bringt den Herrn, der zunächst aufbrausen will, dann doch zur Besinnung. Er erkennt seinen Fehler und nimmt die Lehre an.

Aufgabe 5: a) Individuelle Lösungen!
b) Mögliche Stellungnahme: Will man der Geschichte glauben, so ist es tatsächlich möglich, Menschen durch „richtige Behandlung" zur Besinnung zu bringen. Ich befürchte allerdings, dass das zu optimistisch gesehen ist. Einmal wird ein Diener kaum den Mut aufbringen, so zu handeln und seinen Arbeitsplatz zu gefährden. Zum andern würde der Herr wohl kaum so zur Einsicht kommen, sondern den Diener zum Teufel jagen. Vermutlich würde er sich auch noch den Schaden ersetzen lassen.

Aufgabe 6: Individuelle Lösungen!

7

Kurzfassungen, Inhaltsangaben und Stellungnahmen zu den vorgeschlagenen Texten:

Ilse Aichinger, Fenstertheater

Kurzfassung: In der Kurzgeschichte Das Fenster-Theater stellt Ilse Aichinger dar, wie sehr man die Wirklichkeit und das, was um einen herum geschieht, fehlinterpretieren kam, wenn man alles nur vom eigenen Standpunkt und der eigenen Interessenlage aus betrachtet.

Inhaltsangabe: Eine Frau, die neugierig aus dem Fenster schaut, nimmt im gegenüberliegenden Haus ein beleuchtetes Fenster wahr und sieht dann einen alten Mann, der für sie unbegreifliche Bewegungen und Gesten ausführt. Ihre Sensationslust treibt sie dazu, die Polizei zu benachrichtigen, mit der sie dann auch in die Wohnung des alten Mannes eindringt um dort zu erkennen, dass die Pantomime des Alten keineswegs so unsinnig war, wie sie angenommen hatte: Er unterhält sich mit einem kleinen Jungen, dessen Gitterbettchen am Fenster des Hauses gegenüber steht.

Stellungnahme: Ilse Aichinger macht sich wohl lustig über die Sensationsgier vieler Zeitgenossen und will aufzeigen, wie sehr diese Sensationsgier unser Verhältnis zu anderen Menschen und unsere Einschätzung der Verhaltensweisen anderer beeinflusst. Damit enthält der Text möglicherweise auch eine Mahnung: Das Handeln der andern sollte nicht vorschnell be- oder verurteilt werden, vielmehr sollte man zunächst einmal versuchen zu verstehen, ehe man Urteile fällt.

DIE INHALTSANGABE
Freies Schreiben Sekundarstufe – Bestell-Nr. 10898

KOHL VERLAG

Stefan Andres; Das Trockendock

Kurzfassung: Stefan Andres Kurzgeschichte „Das Trockendock" handelt vom Ingenieur Grognard, der das Trockendock erfindet, damit aber den Häftlingen den einzigen Weg in die Freiheit raubt.

Inhaltsangabe: Vor der Erfindung des Trockendocks bedeutete ein Stapellauf für die lebenslänglich Verurteilten die Chance, frei zu werden. Wenn auch nur wenige Gefangene eine solche Chance bekamen, so hatten doch alle Gefangenen die Möglichkeit, auf eine solche zu hoffen. So ist denn auch der Vorwurf des Gefangenen zu verstehen, der Grognard umbrachte. Grognard und seine fortschrittliche Erfindung haben den Gefangenen die Hoffnung genommen, irgendwann einmal die Chance zu bekommen, in die Freiheit zu gelangen.

Stellungnahme: Vom Erde der Geschichte her erscheint der technische Fortschritt keineswegs so human, wie er sich normalerweise gibt. Wenn er auch vordergründig menschliches Leben erleichtert, so birgt er doch immer wieder die Gefahr in sich, den Menschen Hoffnungen zu nehmen, die sich vielleicht nicht alle erfüllen werden, die aber doch als Hoffnungen das Leben erträglich machen. Ich stimme da dem Autor nicht zu. Ich möchte nicht mit trügerischen Hoffnungen leben. Am Ende wäre ich betrogen. Ich möchte lieber gleich wissen, was Sache ist. Da kann ich mich dann entsprechend einrichten.

Herbert Malecha; Die Probe

Kurzfassung: In der Erzählung „Die Probe" geht es um Jens Redluff der sich vor der Polizei verstecken musste und untergetaucht war, jetzt aber erstmals wieder in der Öffentlichkeit erscheinen will. Dieser erste öffentliche Auftritt endet damit, dass er im Affekt doch seine Identität preisgibt.

Inhaltsangabe: Bei seinem ersten Auftritt ist er noch unsicher und gerät auch fast in einen Verkehrsunfall. Bei einer Razzia halten seine gefälschten Papiere einer Überprüfung durch die Polizei stand. Redluff glaubt nun, die entscheidende Probe bestanden zu haben, fühlt sich sicher und stürzt sich erneut ins Gewühl der Straße. Er gerät in eine Ausstellung und wird als hunderttausendster Besucher nach seinem Namen gefragt. Völlig überrascht und unvorbereitet gibt er sich als Jens Redluff zu erkennen.

Stellungnahme: Malecha zeigt einen Menschen, der aufgrund irgendwelcher Umstände gezwungen ist, seine Identität aufzugeben und eine neue Identität anzunehmen. Der Wechsel wird vollzogen und erscheint zunächst auch gelungen, zumindest die „technische" Seite des Wechsels bringt keine weiteren Probleme mit sich. Offensichtlich hat sich der Handelnde richtig auf erwartbare Standardsituationen eingestellt. Dann aber tritt die überraschende Situation ein, dass der Einzelne wiederum aus der Masse herausgerissen und als Einzelner gefragt und gefordert ist. Gerade jetzt aber zeigt sich, dass der versuchte Identitätswechsel nur ein vordergründiger war Die Frage nach dem Namen (= Frage nach der Identität) kann nun nicht ohne weiteres mit einer Lüge beantwortet werden. Die Ichverleugnung misslingt in der extremen Situation, in der der Einzelne herausgerissen aus der schützenden Masse als Individuum (und sei es auch „nur" als hunderttausendster Besucher) gefordert ist.

Reiner Kunze; Clown, Maurer oder Schauspieler

Kurzfassung: In der Erzählung Clown. Maurer oder Dichter von Reiner Kunze geht es um Probleme, die ein Vater mit seinem zehnjährigen Sohn hat, der die Anweisungen des Vaters immer wörtlich befolgt, aber dadurch auch nicht immer im Sinne des Vaters handelt.

Inhaltsangabe: Der Junge leistet zwar den Anweisungen des Vaters Folge, der aber nicht in dem Sinne handelt, in dem die Anweisungen gegeben wurden. Entsprechend wird er getadelt, wobei allerdings die Freunde des Vaters das Verhalten des Sohnes erheblich positiver interpretieren und verschiedene "Begabungen" diagnostizieren.

Stellungnahme: Reiner Kunze macht auf verschiedene Zusammenhänge aufmerksam: Einmal können wir in dem kleinen Jungen einen neuen Eulenspiegel sehen, der die Anweisungen der Erwachsenen beim Wort nimmt und damit die Erwachsenen selbst der Kritik zugänglich macht. Das macht mir den Jungen besonders sympathisch. Andererseits kann es in der Geschichte auch darum gehen, dass ein und dieselbe Verhaltensweise unter recht verschiedenen Gesichtspunkten gesehen und betrachtet werden kann. So wird das Urteil, das der Vater über das Verhalten seines Jungen fällt, doch deutlich in Frage gestellt.

DIE INHALTSANGABE
Freies Schreiben Sekundarstufe – Bestell-Nr. 10898
KOHL VERLAG

Reiner Kunze; Fünfzehn

Kurzfassung: In der Geschichte "Fünfzehn" skizziert Reiner Kunze aus der Perspektive eines "leidgeprüften Vaters" die fünfzehnjährige Tochter.

Inhaltsangabe: Die Tochter bringt mit ihrer Kleidung das Lebensgefühl ihrer Generation zum Ausdruck, das von allen über dreißig nicht verstanden wird, deren Zimmer völlig in Unordnung ist, die schließlich alle Bemühungen des Vaters, etwas mehr Ordnung in ihr Zimmer zu bringen, mit Erfolg abwehrt.

Stellungnahme: Vielleicht geht es Kunze in dem Text weniger um Kritik am Vater und seiner Haltung oder an der Tochter und deren Unordnung, als vielmehr um die Aufforderung, sich gegenseitig so zu nehmen. wie man ist. Wenn es dem Vater auch nicht gelingt, die hochtragenden Gedanken "zu erden" und seine Tochter zur Ordnung zu bringen, so muss er doch anerkennen, dass die Tochter, wenn es um ihre 'Bequemlichkeit" geht, ein hohes Maß an Sinn für die Realität entwickelt. Der Erzähler verhält sich der Tochter gegenüber wohlwollend. Er hält der Tochter zugute, dass sie in einem bestimmten Alter ist, dass sie einer bestimmten Generation zugehört, dass sie einem bestimmten Lebensgefühl Ausdruck verleihen möchte. Er versucht nach Möglichkeit der Tochter nicht „dreinzureden" und das macht ihn besonders sympathisch.

Max Frisch; Der Andorranische Jude

Kurzfassung: In der Parabel „Der Andorranische Jude" zeigt Frisch, wie stark ein Mensch in seinem Sein und in seinen Eigenschaften abhängig ist von den Vorurteilen, die ihm seine Mitmenschen entgegenbringen.

Inhaltsangabe: Einen jungen Mann hielt man in Andorra für einen Juden. Man glaubte, in ihm alle „typischen Eigenschaften" eines Juden wiedererkennen zu können. Dies ging so weit, dass selbst der junge Mann diese Eigenschaften allmählich bei sich zu entdecken glaubte. Nachdem er ermordet worden war, stellte sich heraus. dass er kein Jude war, sondern ein Andorraner wie alle anderen.

Stellungnahme: Der überraschende Schluss macht besonders deutlich, wie schlimm sich Vorurteile auch auf die Selbsteinschätzung auswirken können, wie sehr Eigenschaften und vor allen Dingen die Ausprägung bestimmter Merkmale von der Einschätzung der anderen abhängig sind. So legt der Schluss eine Ablehnung des Verhaltens der Andorraner nahe, die den jungen Mann von ihrem Vorurteil her eingeschätzt haben, ihn dazu brachten, sich in seiner Selbsteinschätzung mehr und mehr diesen Vorurteilen anzunähern und schließlich sich sogar so zu verhalten, dass eine Übereinstimmung entstand zwischen Vorurteil und tatsächlich zu beobachtenden Eigenschaften.

Aufgabe 1:	<u>Vorarbeit</u>: Text gliedern, Abschnitte zusammenfassen, Basissatz erstellen <u>Einleitung</u>: Autor und Titel, Textart und Personen, Infos als Basissatz <u>Hauptteil</u>: Personen nennen mit Wer?/Wo?/Wann?/Warum?, Handlungsverlauf chronologisch aufzählen, Ziel/Ergebnis benennen <u>Schluss</u>: Schlussdeutung/Zweck des Textes, eigene Meinung
Aufgabe 3:	<u>1. Abschnitt</u>: Vorstellen Richter; Begegnung Richter-Teufel (Z. 8) <u>2. Abschnitt</u>: Richter befiehlt dem Teufel, alles wissen zu wollen (Z. 12) <u>3. Abschnitt</u>: Der Teufel will ihn davon überzeugen, es nicht wissen zu wollen, bis er nachgibt. (Z. 33) <u>4. Abschnitt</u>: Erste Begegnung auf dem Marktplatz, Frau mit Schwein (Z. 45) <u>5. Abschnitt</u>: Frau mit Rind, Teufel lehnt ab (Z. 52) <u>6. Abschnitt</u>: 2. Frau mit Kind, Teufel lehnt ab (Z. 52) <u>7. Abschnitt</u>: Frau klagt ernsthaft und ehrlich den Richter seiner bösen Tat an (Z. 70) <u>8. Abschnitt</u>: Richter wird vom Teufel fortgeschleppt. Moral: Wer mit dem Bösen umgeht, erhält seinen gerechten Lohn dafür.
Aufgabe 4:	Im Märchen „Der Richter und der Teufel" von Ludwig Bechstein geht es um einen ungerechten und machtbesessenen Richter, der sogar dem Teufel befiehlt und seinen gerechten Lohn dafür erhält.
Aufgabe 5:	Im Märchen „Der Richter und der Teufel" von Ludwig Bechstein geht es um einen ungerechten und machtbesessenen Richter, der sogar dem Teufel befiehlt und seinen gerechten Lohn dafür erhält. Der ungerechte und machtgierige Richter trifft auf den Teufel, den er nach dessen Namen und Anliegen fragt. Dabei droht er dem Teufel sogar und demonstriert seine Macht. Der Teufel darf an diesem Tag alles behalten, was man ihm ernsthaft verspricht. Der Richter begleitet den Teufel, obwohl der Teufel ihm davon abrät. Auf dem Markt treffen der Richter und der Teufel auf eine Frau mit ihrem unartigen Schwein. Die Frau wünscht das Schwein zum Teufel. Der Richter weist den Teufel darauf hin, aber dieser lehnt ab, da die Frau es nicht ernst meinte. Gleiches passiert mit einer Frau und ihrem Rind und einer Frau mit ihrem Kind. Der Teufel will erst nehmen, was ihm ernsthaft zugesprochen wird. Eine alte Frau beklagt sich über den Richter und verflucht ihn ernstlich, weil er ihr alles nahm. Der Teufel nimmt diese Witwe ernst und nimmt den Richter mit sich. Man soll sich nie mit dem Teufel abgeben, das ist die Moral des Märchens.

DIE INHALTSANGABE
Freies Schreiben Sekundarstufe – Bestell-Nr. 10898

Aufgabe 6: Das Märchen „Der Teufel und der Richter" soll deutlich machen, was passieren kann, wenn man nicht auf dem rechten Weg bleibt. Es soll für alle Leser eine Warnung und ein Beispiel sein. Ich denke, Bechstein wollte die Leute dazu bewegen, darüber nachzudenken, sich erstens nicht leichtfertig etwas zu wünschen und zweitens, selbstkritisch zu sein, ob man sich nicht auch ein wenig wie der Richter verhält. Die Moral des Märchens soll dazu bewegen, seine Taten kritisch zu betrachten.

8 **Aufgabe 1:** <u>Mögliche Lösungen</u>

b) & c) I. Die Vorgeschichte: Das Verbot des Königs
  a) Der König erfährt die Nachricht von dem 75-Jährigen, der Paris noch nie verlassen hat. (Z. 15)
  b) Der König erkundigt sich nach den Gründen. (Z. 6-10)
  c) Der König lässt den 75-Jährigen zu sich kommen und verbietet ihm, künftig Paris zu verlassen. (Z. 11-22)
II. Die Zeit des Wartens
  a) Der Untertan gehorcht und empfindet erstmals Lust, Paris zu verlassen. (Z. 23-25)
  b) Das Leben wird immer langweiliger. (Z. 26-32)
  c) Der 75-Jährige versucht vergeblich, die Erlaubnis zum Verlassen von Paris zu bekommen. (Z. 33-36)
III. Die Aufhebung des Verbots
  a) Der König hebt das Verbot auf und schenkt eine Kalesche. (Z. 37-41)
  b) Der 75-Jährige verzichtet darauf. Paris zu verlassen. (Z. 42-45)

<u>Tipp</u>: Aufgabe 1b kann auch weggelassen werden, wenn keine Hilfestellung erfolgen soll.

Aufgabe 2: a) Ein König von Frankreich erfährt, dass ein 75-jähriger Untertan, ein Bürger von Paris, noch nie seine Heimatstadt verlassen hat, und möchte ihn auf die Probe stellen.
b) Er verbietet dem 75-Jährigen, die Stadt zu verlassen. Der Untertan gehorcht zwar dem Befehl, doch mit zunehmender Dauer wird ihm das Leben, das er bisher als angenehm empfand, immer langweiliger, sodass er immer wieder, wem auch ohne Erfolg, um die Erlaubnis nachsucht, Paris verlassen zu dürfen. Nach einem Jahr wird ihm die Erlaubnis gegeben. Nun mag er aber nicht mehr. Jetzt ist ihm Paris „am schönsten inwendig".
e) Hebel will wohl zeigen, wie sich die Welt gleichsam ändert mit dem Bewusstwerden. Die beschränkte, unbewusst erlebte Welt wird zufrieden hingenommen. Mit dem Verbot wird die Beschränkung bewusst wahrgenommen die beschränkte Welt wird als „langweilig" erlebt. Im Mittelpunkt steht also ein Mensch, der in selbst auferlegter Beschränkung zufrieden lebt. Mit der Zufriedenheit ist es vorbei, als die Beschränkung von außen befohlen wird. Nach der Aufhebung des Zwangs hat der Mensch aber eine Freiheit gewonnen, die ihn die Beschränkung freiwillig annehmen lässt. Der Mensch nimmt sich nun die Freiheit, auf die von oben gewährte Freiheit zu verzichten. Diese Haltung scheint mir bewundernswert. Dieses „Jetzt gerade nicht!" ist gerade für einen „Schwachen" eine gute Möglichkeit, sich trotz aller Macht von außen selbst zu behaupten.

DIE INHALTSANGABE Freies Schreiben Sekundarstufe – Bestell-Nr. 10898 KOHL VERLAG